KB033941

아름다운 여행을
만드는 남자

아름다운 여행을 만드는 남자

초판 1쇄 발행　2022년 5월 20일

지은이　박정수
펴낸이　정혜윤
디자인　김미영
펴낸곳　SISO

주소　경기도 고양시 일산서구 일산로635번길 32-19
출판등록　2015년 01월 08일 제 2015-000007호
전화　031-915-6236
팩스　031-5171-2365
이메일　siso@sisobooks.com

ISBN　979-11-92377-04-9 (13190)

아름다운 여행을
만드는 남자

박정수 지음

siso

역사적인 내몽고 최초 취항부터 오랜 시간 업무 파트너로 상품개발을 함께해온 바에 따르면 박정수 대표는 항상 무엇을 생각하더라도 그 이상의 일을 벌이고 다니던 사람이다. 모두가 힘든 요즘 그도 그저 어딘가에서 은인자중, 좌절 중일 거라 생각했는데 이렇게 회고록(?)을 집필 중이었다니 역시 그답다. 코로나로 인해서 여행업 종사자들과 여행에 목마른 여행자들 모두 힘든 시절을 보내고 있는데 그들 모두에게 이 책이 지난 시절을 회상하면서 미소짓게 하고 이제 곧 다시 시작될 여행에 대한 희망을 심어 주리라 믿는다. 특히 여행자들은 이 책을 읽고 나면 여행지뿐 아니라 여행상품에 대한 이해가 더 깊어질 것 같다. 근 2년 이상 힘든 시간을 견디고 있는 우리 모두에게 이제 조금만 더 잘 버티자고 응원의 말을 전한다.

　　　　　　　　　　　　　– 대한항공 국제선 총괄팀장 윤경덕

진에어 취항 때부터 여러 연합상품을 함께 만들며 곁에서 봐

온 저자는 수십 년간 여행업에 종사하면서 정말 여행을 사랑하고 진심으로 여행자를 생각하는 마음이 느껴지는 사람이고, 스스로도 여행을 통한 인생을 꿈꾸며 항상 '여행'이라는 가치를 높이고 세우려 노력하는 사람이다. 전 세계에 숨겨진 보물 같은 여행지를 발굴하고, 그곳을 사람들에게 더 많이 알리고 싶어 하는 그의 어린아이 같은 순수함이 지금까지 그를 '최고'의 자리에 올려둔 것이 아닌가 싶다. 이 책이 여행하는 삶을 그리워하는, 여행이 고픈 많은 사람에게 멋진 길잡이가 되길 바란다.

— 진에어 국제선 총괄팀장 이현수

나와는 홍콩, 대만 등 여러 노선을 뚫으며 많은 일을 해온 30년지기 친구이자 늘 존경하는 여행업계의 파트너이다. 30여 년간 여행업 일선에서 대한민국 최초로 한국인을 위한 다수의 여행지를 발굴한 전문가로서 그가 살아온 이야기, 여행사업을 운영하는 그만의 가치관 등을 엿볼 수 있어 흥미롭게 읽었다. 이 어려운 시기에도 특유의 긍정으로 책을 쓰며 이겨내는 모습을 보니 역시 그는 남다르다. 앞으로도 그가 꿈꾸는 모든 일을 멋지게 이뤄가는 삶을 살기를 바란다. 항상 그의 앞날을 축복하는 마음으로 출간을 응원한다.

– 타이항공 상무이사 박성준

10년 전 하와이 출장에서 인연이 되어 인스팩션을 할 때 섬세하고 세심하게 설명해주시던 대표님의 열정적인 모습이 떠오른다. 〈아름다운 여행을 만드는 남자〉는 그러한 대표님의 열정이 고스란히 담겨 있으며, 많은 사람에게 여행에 대한 인식과 생각을 다시 한번 더 정리할 수 있는 계기가 될 것이라 확신한다. 코로나로 인하여 어려운 상황 속에서도 여행에 대한 희망을 놓지 않고 책을 집필하신 대표님의 노력에 깊은 존경을 표한다. 여행을 좋아하는 누구에게나 일독을 권한다.

– 카카오트립 대표이사 정덕수

그는 돈을 좇아 사업을 하기보다 '어떻게 하면 고객이 만족하는 여행을 만들 수 있을까'를 늘 고민하며 사업을 하는 사람이다. 그가 30대 초반일 때부터 만나 지금까지 인연을 이어오고 있음에도 그는 늘 한결같다. 항상 주변의 사람을 귀하게 여길 줄 알고, 예의와 배려가 넘쳐 곁에 머물고 싶게 만드는 힘이 있다. 〈아름다운 여행을 만드는 남자〉라는 제목처럼 박정수 대표는 늘 아름다운 향기를 전하는 사람이다. 그런 그가 책을 출간했다니 축하해 마지않는다. 그의 이야기를 읽으며 도전하는 그의 모습에 감동을 느꼈고, 회사의 이름처럼 순수한 열정으로 사업을 지켜가는 그의 모습에 흐뭇함을 느꼈다. 그가 살아온 이야기뿐만 아니라 여행객에게 도움이 되는 이야기, 여행업에 종사하고 싶어 하는 청년들에게도 많은 도움이 될 책이다.

– 상명재단 이사장 안성기

〈아름다운 여행을 만드는 남자〉는 한마디로 '긴 어둠의 터널에서 밝은 빛 한줄기의 희망을 갖게 해주는 책'이다. 30여 년 간 IMF, 사스, 메르스, 코로나까지 숱한 어려움의 광풍이 업계에 불어닥쳐도 박정수 대표는 꿋꿋한 근성과 끈기, 긍정의 힘으로 지혜롭게 그 시기를 이겨내는 모습을 보여주었다. 이 책 곳곳에도 그가 가진 긍정의 생각, 태도, 가치관이 고스란히 묻어나 있을 것이다. 사업을 예술처럼, 상품을 작품처럼 대하는 그에게 내가 모르는 어떤 이야기가 숨겨져 있을지 기대가 되는 책이다. 앞으로도 여행업계에서 그가 만들어낼 길, 뚜벅뚜벅 걸어갈 길을 온 마음을 다해 응원한다.

– 한국하와이 대표 제임스 장

30여 년 넘게 여행 자율화, 자유화 이후로 항상 남들이 가지 않고, 하지 않은 미지에 첫 발자국을 남기시면서 새로운 지역에 도전하고 개발하신 아웃바운드 여행업에 산증인 같으신 젠틀맨 대표님의 출판을 축하드린다. 앞으로 남은 30여 년을 더 새로운 프론티어 정신으로 걸어가셔서 여행업에 큰 족적을 남겨 주시기를 바란다.

— 온라인투어 전무이사 장지환

코시국으로 여행이 쉽지 않은 지 오래되었다. 여행사들은 매출 0원인 2년여의 시간을 눈물을 머금고 버텨나가는 중에 최근 엔데믹 기대감으로 유럽 등 해외여행 예약이 급증하고 있는 추세다. 이런 반가운 소식이 들려오는 때에 또 하나의 기쁜 소식이 찾아왔다. 지중해와 잘 어울리는 진정한 여행사업가 박정수 대표가 〈아름다운 여행을 만드는 남자〉라는 감동적인 제목의 책을 출간한 것이다. 이 책이 여행에 목말라 있는 우리에게 얼마나 큰 희망과 위안이 되는지 모른다. 분명 우린 이 책을 읽으며 고급지고 세련된 많은 여행지에 호기심이 생겨 당장 인천공항으로 달려가고 싶어질 것이다.

— 노랑풍선 전무이사 김현숙

소주 한잔을 기울이며 잔잔하고 낮은 톤의 목소리로 여행 경험담을 들려주시고, 듣다 보면 어느새 몰입되어 한두 시간이 훌쩍 지나가곤 했는데 그런 이야기들을 이제 책으로도 만날 수 있다니 정말 기대가 된다. 남다른 감수성과 표현력으로 늘 여행에 관해 좋은 이야기를 많이 해주셨던 터라 이 책에도 아름다운 이야기들이 가득 담겨 있으리라 생각한다. "삶은 여행"이라는 누군가의 말처럼 정말 '여행 같은 삶'을 사시는 분이기에 여행서를 읽듯 편안하게 읽기 좋은 책이 될 것이다.

– (전) 에어텔닷컴 대표이사, (현) 럭스파인드 대표이사 김종성

코로나로 인해 하늘길이 막힌 지도 2년째에 접어드는 요즘, 세계 각지에서 겪었던 박정수 대표님의 이야기가 더욱 귀하게 여겨진다. 몰타에 대해 대표님과 나누었던 유쾌한 대화가 떠오르며 비록 자유여행에 친숙한 MZ세대이지만, 여행 상품이 만들어지는 과정을 이야기로 만날 수 있어 기대된다. 책장을 덮고 나서 또 새롭게 펼쳐질 여행기를 응원 드린다.

– 《몽땅몰타》 저자 장수빈

세계 각지에서 생활하며 여행을 천직으로 여기던 박정수 대표의 삶을 들여다볼 수 있어 큰 기대가 된다. 하와이, 중국, 대만 등에서 수많은 여행 상품을 기획하고 우리나라 여행업의 한 축을 이루었던 그의 책 〈아름다운 여행을 만드는 남자〉를 여행업에 관심을 둔 모든 분에게 꼭 권하고 싶다.

– 유럽 전문 여행사 (주)링켄리브 대표 조은철

박정수 대표와는 20년 동안 알고 지내며 하노이, 오이타, 엔타이, 말레이시아 등 그가 기획한 골프 여행 상품이라면 어디든지 다녔다. 나는 늘 박 대표의 여행 상품에 감동하는 사람이다. 그래서 골프 여행을 만들면 꼭 나에게 따로 연락해 달라고 한다. 열심히 일하다 한 번씩 가게 되는 여행은 언제나 활력이 되고 다시 일상을 힘차게 시작할 에너지가 된다. 종종 만나서 그의 이야기를 듣곤 했지만, 책을 통해 내가 좋아하는 박정수 대표의 마인드, 열정, 의지, 업을 대하는 마음가짐, 철학 등을 알 수 있었다. 준비된 자에게 기회가 온다는 말처럼 좋은 생각과 열정을 가진 박 대표에게 곧 엄청난 운이 찾아올 거라 믿어 의심치 않는다. 코로나 시기를 지혜롭게 이겨낸 그에게 박수를 보내며 이제 더욱 새롭게 펼쳐질 앞길에 축복을 보낸다.

– (주)아리앙스 회장 박남호

그냥 적당히 괜찮은 게 아니라 누가 봐도 "우와!" 하는 감탄사가 절로 나오는 상품을 개발하기 위해 늘 부지런히 움직이는 박정수 대표답게 어느새 책까지 출간했는지 놀라움을 금치 못하겠다. 코로나 이후 골프여행 상품 판매를 위탁한 입장에서 그와 만나 이야기를 나누면 늘상 마음이 편안하고 대화가 즐겁다는 생각을 했다. 항상 자신의 일에 있어 열과 성을 다하는 그의 앞날을 축복하며 그가 헌신하며 운영하는 여행사도 크게 번창하길 진심으로 바란다.

– (사)한국아마추어골프협회 이사장 이서진

학교 동창으로 오랫동안 알고 지낸 박정수 대표는 언제 만나도 즐겁고 밝은 친구다. 아무리 힘들고 어려운 상황이라도 외부 환경을 탓하기보다 자신의 부족함을 먼저 돌아보는 성격이다. 그래서 친구이지만 본받고 싶은 점이 참 많다. 〈아름다운 여행을 만드는 남자〉라는 책 제목이 그의 이미지와 정말 잘 어울린다는 생각을 했다. 아름다운 사람이 아름다운 여행을 만드는 건 당연하지 않은가. 평소 뛰어난 패셔니스타이기도 하고 무엇을 하든 자신만의 스타일로 만들어내는 재주가 뛰어나다. 사업을 하며 참 고달프고 외로운 일이 많았을 텐데 그때마다 단단한 뚝심으로 30여 년을 지켜간 그가 한없이 자랑스럽다.

– 제주 윈스토리 호텔 회장 박순오

비즈니스 관계로 알게 되었지만 그의 따뜻하고 세심한 품성에 감동하여 지금은 서로를 아낌없이 챙겨준다고 말할 수 있을 만큼 절친한 사이가 되었다. 전 세계에 불어닥친 재앙, 코로나로 인해 현지를 답사하는 해외 여행사가 지극히 드문 가운데 그는 골프여행 상품을 개발하기 위해 태국을 찾았다. 역시 베테랑다운 면모라고 생각했다. 비즈니스를 위해 사람을 만나는 데에도 마치 가장 다정한 친구를 대하듯 하는 그의 태도와 매너는 비즈니스를 뛰어넘는 무언가를 느끼게 해주기에 충분했다. 앞으로 그는 더욱 큰사람이 될 것임을 감히 확신한다. 그가 보여준 진정성과 신뢰는 업계에서 더욱 빛을 발할 것이다. 조금만 더 힘을 내라고 말해주고 싶다. 내 친구의 출간을 진심으로 축하하며 이 책이 그를 궁금해하는 사람과 여행을 그리워하는 많은 독자들에게 큰 사랑을 받기를 진심으로 성원한다.

– 가싼골프리조트그룹 부사장 Supodcha Swetiyaram

같은 업계에서 오랜 시간 만나오면서 항상 모든 일에 성실하게 임하시고, 항상 깔끔한 복장과 멋진 태도를 가지시며 열심히 살아가시는 모습이 늘 보기 좋았다. 이 힘든 시간에 갑작스레 책 발간까지 준비하고 계셨다니 놀라움을 금할 길이 없다. 이 책이 동종업계의 사람들에게 큰 동기부여가 되고, 어디로든 해외로 떠날 준비를 하고 있는 여행객들에게도 많은 도움을 줄 거라 생각한다. 코로나로 인해 힘든 시기였지만 언젠가는 기억의 뒤편으로 추억하며 웃을 수 있는 그런 시간이 하루 빨리 찾아왔으면 좋겠다. 나 역시 멋진 인생을 박정수 대표와 같은 좋은 사람들과 지속적으로 나누고 싶다. 항상 응원 드리고 진심으로 축하의 말을 전한다.

– 하나투어 본부장 류양길

나는 늘 새로운 여행을 꿈꾼다

나의 어릴 적 꿈은 이 세상에 존재하는 모든 아름다운 곳을 찾아가 보는 것이었다. 내가 좋아하는 파울로 코엘료의 『연금술사』라는 소설에 등장하는 주인공처럼 말이다. 미지의 세계를 동경하며 그 꿈을 믿고 그것을 실현하기 위해 먼 길을 떠나는 어느 양치기의 이야기처럼 세상에 존재하는 우리 모두의 진정한 자아를 찾는 것이 행복이라고 느꼈다. 그러나 혼자서 세상 많은 곳을 경험하고 자유롭게 살면서도 그것으로 행복을 채우지는 못했다.

어찌 보면 지금까지 내 삶은 여행이 아닌 적이 없었다. 아주 어릴 때부터 항상 미지의 세계를 동경했고 여행을 꿈꾸며 자랐다. 호기심과 여행에 대한 갈망으로 나는 성장하면서 용감하게 실행에 옮겨 주말이면 다른 도시로 떠나거나 아예 낯선 곳에 숙소를 정하고 한 달 내내 돌아다니며 지내보기도 했다. 그렇게 나는 70여 개국의 나라와 도시를 여행했다. 1년 이상 살아본 나라와 도시도 여덟 군데나 된다.

내 인생에서 행복을 느끼게 해주는 것 중에 첫 번째를 꼽으라면, 좋아하는 사람과 좋아하는 장소에서 맛있는 음식을 나누며 서로 공감하는 것이다. 그것 자체가 훌륭한 여행이라고 생각한다. 사람들에게 "최근에 가장 행복한 적이 언제였냐?"라고 물어보면 그중에 많은 사람이 "누군가와 함께 여행을 다녀왔을 때"라고 대답하는 이유도 이 때문이다.

많은 사람이 특별한 순간이라고 말하는 '여행'을 직업으로 살아온 해외 여행사 대표로서 이 책을 통해 그동안 경험한 특별한 여행 이야기를 나누고자 한다. 남녀노소 누구나 할 것 없이 좋아하는 여행을 만들고 함께하며 느꼈던, 결코 뻔하지 않은 이야기 속에 남들은 모르는 많은 애환도 담겨 있다. 여행은 그 어떤 값비싼 물질을 소유하는 것보다 훨씬 더 행복한 감정을 우리에게 선사한다. 아무리 비싼 시계, 옷, 가방도 여행으로 얻을 수 있는 감정보다는 일시적이고, 감정의 깊이도 얕다. 여행은 사람의 인생에서 가장 큰 행복감을 주는 활동임에는 틀림이 없다. 행복했던 한 번의 여행은 평생토록 간직할 수 있는 소중한 추억을 남긴다. 사랑하는 사람과 함께 멋진 곳을 여행한다는 건 더없는 축복이다. 아름다운 풍경, 그 지역의 맛있는 음식, 곁에는 사랑하는 사람이 함께한다는 게 그 얼마나 행복한 일인가. 나는 늘 여행과 가슴 설레는 사랑을 한다. 그리고 지금까지도 기쁜 마음으로 여행을 만들고 있는 남자다. 이 책은 내가 평생 사랑했던 '여행'에 대한 이야기, 그리고 사람들을 행복하게 해줄 대한민국 최고, 최초의 여행 상품을 직접 만들고 전했던 경험을 가진 '나'의 이야기다. 아마 이 책을 읽고 나면 당신이 미처 몰랐던, 그래서 갈 수 없었던 '최고의 여행'에 대해 새로운 시선으로 바라볼 수 있게 될 것이다. 여행에 인생을 걸고 인생이 곧 여행인 한 남자의 특별했던 여행기, 최고의 여행 상품이 탄생한 과정 등도 엿볼 수 있게 될 것이다.

앞으로의 또 다른 나의 꿈은 더 많은 사람과 함께 행복한 여행을 나누며 살아가는 것이다. "사랑할 때면 모든 사물이 한층 더 의미를 가지게 된다"라는 말처럼 누군가와 함께하는 여행은 인생을 정말 아름답고 빛나게 만들어줄 것이다. 지금까지는 혼자서만 꿈꾸던 삶이었다면 이제 새로운 꿈은 많은 사람과 함께 나누는 멋진 여행을 이야기하고 싶다.

차
례

1부

행복해지고 싶어서
여행을 떠난다

2부

'최고'의 가치를 만든
'최초'의 시도들

3부

끝까지 하는
사람이 이긴다

4부

사업과 사람을
지켜내는 법

내가 바뀌면 세계가 바뀐다.

세계란 다른 누군가가 바꿔주는 것이 아니라

오로지 자신의 힘으로만 바꿀 수 있다.

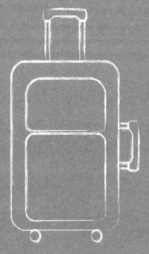

1부

행복해지고 싶어서
여행을 떠난다

 OR

5대째 한의사 집안에서 탄생한 유별난 사업가

내가 태어나고 자란 집은 아버지에서부터 할아버지, 또 그 위에 할아버지까지 5대에 걸친 한의사 집안이다. 어릴 때를 떠올려 보면 아버지는 늘 집에 계시는 분이었다. 집과 한의원이 가까워서 환자를 진료하시는 시간 외에는 늘 가족과 함께하셨다. 집안 분위기가 차분하고 조용해서 나 역시 어릴 때는 남들보다 굉장히 얌전하고 학교에서도 잘 드러나지 않는 순둥한 아이였다. 부모님은 당연히 우리 형제

중에 한의원을 물려받아 계속 한의사의 대를 이어가길 바랐지만, 어째서인지 형들은 모두 다른 길로 진로를 잡아가서 집에서는 당연히 막내인 나에게 기대를 걸곤 했다. 나는 한약 냄새가 참 싫었다. 오히려 다른 세상에 대한 동경이 더욱 컸다. 새로운 것, 도전하는 삶에 대한 열망 같은 것 말이다.

나는 매일 똑같은 일상이 반복되는 집에 있는 시간이 참 지루했다. 그래서 초등학생 고학년이 되면서부터는 나도 모르게 잠재되어 있던 역마살이 분출되듯 집 밖을 벗어나 여기저기 구경하거나 돌아다니고, 친구들과 어울려 다니기를 좋아했다. 부모님께 혼이 나도 어떻게든 구실을 만들거나 반항을 하며 새로운 곳으로 떠나곤 했다.

한번은 초등학생 때 집에서 조금 먼 곳까지 기차를 타고 가다가 기차 안에서 담임 선생님을 만나기도 했다. 어린아이가 혼자서 기차까지 타고 어딜 간다니 신기해하기도 하고 염려하셨던 기억이 난다. 작은 도시에서 자라다 보니 서울이나 부산처럼 큰 도시에 대한 동경이 있었던 것 같다. 특히나 내가 가보지 못한 곳에 대한 궁금증, 호기심이 많았다.

나중에는 친구를 꼬드겨서 같이 가기도 했는데, 주변에서는 오히려 친구에게 왜 얌전한 아이를 꼬드겨서 데리고 다니냐는 오해를 하기도 했다. 그만큼 다른 사람들이 보기에는 친구보다 내가 더 얌전한 아이였다. 사실은 내가 친구들을 꼬드겨서 데리고 다녔는데 말이다. 멋모르고 가서 위험한 일도 많았고, 택시를 탔는데 어린아이들이 타니 일부러 멀리 돌아가는 바람에 요금이 어마어마하게 나온 적도 있었다. 부산역에서 용두산공원을 가는데 보통은 택시 타고 5~10분밖에 안 걸리는데 이상한 공원으로 데려가서 택시비가 엄청 나오기도 하고, 택시 기사가 엄한 곳에 내리라고 해서 그냥 내린 적도 있었다.

좀 더 크고서는 학교 방학이면 다른 지방에 작은 방을 얻어서 몇 주씩 그 동네에 눌러앉아 생활하기도 했다. 내가 고등학생 때 독서실이라는 게 처음 생겼는데 아버지에게 "집에서는 공부가 안 된다. 여기는 독서실이 없으니까 서울 가서 공부 열심히 하겠다"며 며칠 동안 예쁜 짓도 많이 해서 결국 허락을 얻어냈다. 그렇게 몇 개월 치 독서실 비용을 받아 들고는 서울의 싸구려 달세방을 얻어 하라는 공부는 안

하고 이곳저곳을 계속 돌아다녔다.

　20대에는 국내를 벗어나 해외로 자주 들락거렸다. 20대 초에는 히라가나도 모르면서 일본에 공부하러 가겠다며 무작정 떠났다. 내 지난 시절을 돌아보면 아무것도 모르고 못 하더라도 일단 저지르고 부딪혀보는 스타일인 것 같다. 그렇게 일본에 가서는 말도 못 하고, 글도 모르면서 사는 곳에서 자꾸만 이탈해 경찰서에서 학교에 전화해 데려가라고 했던 적이 한두 번이 아니었다. 거의 학교에서는 요주의 인물로 꼽힐 정도였다.

　나와 친한 분들은 "난 박 대표가 참 부러워. 어쩌면 자네처럼 살 수 있지? 어떻게 혼자 뉴욕이든 동남아든 유럽이든 해외 이곳저곳에서 그렇게 몇 개월씩 있을 수가 있어? 난 하고 싶어도 못 하는데. 어떻게 그게 돼?"라고 많이 묻곤 한다. 아마 어릴 때부터 그런 성향이 있었어서 가능한 것 같다. 어릴 때나 지금이나 겁이 없고, 새로운 곳에 간다는 것, 새로운 사람을 만난다는 것에 대한 열망이 두려움보다 항상 더 큰 것 같다.

　아마 나의 이런 성향이 사업을 하는 데에, 아니 여행사업을 하는 데 크게 작용한 요소가 아닌가 생각한다. 나는 무언가 골똘히 계획하고 치밀한 타입이 아니라 일단 지르고 보는 스타일인 것 같다.

운명처럼
여행사업을
시작하다

　나는 어릴 때부터 새로운 곳을 향한 동경이 컸고 낯선 곳에 대한 두려움이 없었다. 그 덕분에 큰맘 먹지 않고서도 아주 쉽게 외국으로 향하곤 했다. 처음 해외여행으로 사이판에 갔을 때는 패키지 관광으로 떠났다. 나이가 지긋한 일행분들이 "청년 혼자 여행을 왔느냐"며 굉장히 잘 챙겨주신 덕분에 즐거운 마음으로 여행할 수 있었다. 3박 4일의 관광 일정을 마치고 사이판 공항 출국장을 나서는데 출국심사

안내를 하던 직원이 나를 보며 "가지 마시고 여기서 사세요" 하며 웃었다. 농담이었겠지만, 나는 "다시 돌아올게요" 하고 화답해주었다.

그 후 한국에 돌아와서도 참 좋은 기억으로 남아있는 사이판에서의 여행이 자주 떠올랐다. 그래서 정말 사이판으로 다시 돌아갔다. 그리고 그곳에 정착하기 위해서 사이판 이웃 섬인 티니안까지 운항하는 경비행기 회사에 취업했다. 얼마간 사이판에서의 생활은 기대한 만큼 그리 만족스럽지는 않았다. 호기심이 많은 내게 사이판의 일은 아주 재미있었지만, 너무나 작은 섬이었기에 생활의 단조로움으로 답답함을 느끼곤 했다. 그러다 가끔 혼자라고 느껴질 때 에릭 클랩튼의 '원더풀 투나잇'이나 이글스의 '호텔 켈리포니아' 음악을 들으면 참 행복한 기분이 들기도 했다.

어느 날 밤, 혼자서 차를 몰고 한국음악을 들으며 섬 북쪽에 있는 만세 절벽까지 드라이브를 했는데 문득 '내가 왜 여기서 이러고 있나…' 하는 허무한 생각에 눈물이 흘렀다. 동경해왔던 생활이 한순간 서글퍼지는 것이었다. 나는 바로 다음 날 짐을 정리해 한국으로 돌아왔다. 며칠 뒤, 귀국

해서 칩거하던 나에게 사이판 현지 여행사 대표 한 분이 연락해 "한국 사무소의 운영을 맡아보지 않겠느냐"고 제의를 해왔다. 몇 번 정중히 거절했지만 끈질기게 연락해오는 통에 '잠시 맡아보겠다'라는 조건으로 응하게 되었다.

일단 나에게 주어진 일에 대해서는 물불 가리지 않고 열심히 하는 스타일이라 정말 많은 여행사를 다니며 사이판 행사 유치에 최선을 다했다. 덕분에 내가 일한 지 불과 몇 개월 만에 회사가 굉장히 성장했고 수익도 상당했다. 여행 호황기여서 일하는 재미도 컸다. 누구를 만나든, 택시를 타든 장소와 시간을 불문하고 사이판 여행 홍보를 했다. 하지만 늘 이대로일 것 같았던 사업은 IMF로 인해 많은 거래 여행사로부터 부도를 맞고 말았다. 처음으로 여행업에 대해 회의적인 생각이 들었다.

여행업은 평화 산업이다. 누구든 삶에 여유가 생겨야 아름답고 새로운 곳에 대한 욕구도 더불어 생긴다. 하지만 전쟁과 질병 또는 경제 위기가 닥치면 기본적인 소비가 위축되고 의식주와 같은 필수 소비까지도 줄어든다. 여행은 아예 미뤄지거나 취소되어 산업 자체가 무너지는 가장 큰 직격탄을 맞는다. 나는 '감정은 생각의 지배를 받는다'고 생각한다. 부정적인 상황에서 한없이 부정적인 생각을 선택하면 두려움과 불안의 감정이 밀려오지만, 긍정적인 생각을 선택하면 평안과 감사의 감정이 피어오른다. 여행업에 오랜 시간 종사하다 보니 가끔은 내 힘으로 어떻게 할 수 없는 상황들이 생기곤 한다. 그럴 때마다 항상 긍정을 선택하는 쪽에 집중했다. 그러다 보니 힘들 때일수록 생각의 힘을 꾸준히 기르는 데 관심을 갖게 되었다.

고요한 새벽 시간에 일어나 명상을 하거나 좋은 책을 읽으며 앞으로 상황이 좋아질 것을 대비해 몸과 마음을 단련하고, 사업적으로 어떻게 하면 사람들에게 행복한 여행지를 소개할 수 있을까를 골몰한다. 이것이 내가 여행사업에 빠지게 된 동기다. 내가 가봤던 좋은 곳들과 그곳에서의 경험을 어떻게 하면 사람들에게 나눠줄 수 있을까, 세상의 이 아름다움을 어떻게 공유할 수 있을까를 생각하면 가슴이 뛰고 설렌다. 물론 힘들 때도 있지만, 여행사업은 그 모든 두려움과 불안을 넘어서 늘 나에게 꿈과 용기를 준다.

최연소
괌 힐튼 호텔
마케팅 이사

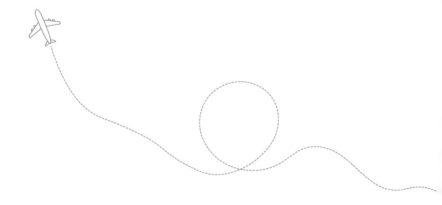

나는 여행에 대한 본질적인 욕구가 누구보다도 컸기 때
문에 여행이 주는 매력에서 벗어날 수가 없었다. IMF가 어
느 정도 추슬러지는 분위기가 되자 캐나다에 계시던 선배
님 한 분과 함께 괌으로 가서 여행사업을 다시 시작했다. 괌
힐튼 호텔에서 한국 세일즈 마케팅 제의가 들어왔고, 나는
괌 힐튼 호텔 GSA 세일즈 마케팅 이사를 맡게 되었다. 사
실 괌과 사이판 지역의 호텔 중 'P 호텔'은 독보적인 강자였

다. 대규모 부대시설과 위락시설을 갖추고 여행객들을 위한 각종 프로그램을 운영하며 마케팅도 아주 뛰어나게 진행하는 곳이었다. 관광객들이 괌, 사이판을 여행하기 위해서라기보다는 'P 호텔'에 머물기 위해 이 여행지를 선택할 정도로 굉장히 인기를 끌었다.

나는 내가 맡은 호텔 홍보를 위해 많은 시도를 했다. 한국의 대형 여행사들에 좋은 조건으로 프로모션하며 호텔의 장점들을 홍보했지만 별 소득이 없었다. 게다가 P 호텔에서 여행사들에 "만약 힐튼 호텔을 판매하면 P 호텔의 판매 객실 블록을 회수하겠다"라는 엄포를 놓았던 터였다. 나는 이 사실을 '독과점 불공정, 자율경쟁 위배'로 언론과 인터뷰를 했고 기사 타이틀에 '힐튼과 P 호텔의 맞불전쟁'이라고 대서특필될 정도로 파장이 컸지만, 워낙 P 호텔의 위상이 자자했던지라 판매 성과에는 별반 차이를 내지 못했다. 결국 나는 여러 여행사를 상대로 세일즈하던 방식의 전략을 자의 반 타의 반으로 거둬들이고, 오직 힐튼 호텔에만 집중해서 판매해줄 한두 곳의 여행사를 찾았다. 그렇게 P 호텔의 판매권에서 소외되었거나 찔끔 받은 여행사들이 차라리 힐튼 호텔을 파는 것이 낫겠다는 판단으로 연락을 해왔다. 그렇게 선정된 여행사에는 정말 파격적인 호텔 요금과 조건으로 광고 콘티까지 직접 짜주었다. 상대의 압박을 피한 것이 아니라 아예 맞장을 뜨기로 한 것이다.

사실 P 호텔의 가장 큰 장점은 다채로운 즐길거리와 다양한 부대시설이었다. 그에 비해 힐튼 호텔에는 그런 것들이 부족하다는 인식이 있었다. 힐튼 호텔에도 자랑할 만한 워터슬라이드와 시설이 갖춰져 있었기에 있는 것 없는 것들을 모두 긁어모아 '괌 힐튼 호텔 워터파크 개장 대축제'라는 프로모션으로 광고를 크게 했다. 그러나 기대했던 것과 달리 일주일이 지나도 예약이 별로 늘지 않았다. 반응이 시원치가 않자 여행사들이 "역시 P 호텔은 이길 수 없다"며 광고를 내리려고 하는 것을 사정사정해서 일주일만 더 해보자고 졸랐다. 그리고 마침내 반전이 일어났다.

처음엔 사람들이 괌 여행 상품을 고르다가 조건은 좋은데 워낙 저렴해서 '이게 정말 괜찮은 걸까?' 하고 선뜻 나서지 않다가 다녀온 사람들의 후기와 입소문에 힘입어 드디어 예약과 문의가 솟구쳐 들어오기 시작한 것이다. 이후로도 계속 예약이 늘면서 그야말로 '대히트'를 쳤다. 그러자 다른 많은 여행사에서도 "지금 판매하고 있는 그 조건으로 우리도 판매하게 해달라"는 부탁이 물밀듯이 들어왔다. 사정이 안 좋을 때는 모두 외면하다가 폭발적인 판매가 일어나자 자신들도 팔게 해달라는 요청이 들어온 것이다. 이로써 P 호텔의 아성을 깨고 힐튼 호텔이 판매수익으로 정점을 찍었다. 그때 연관되어 있던 한 대표님은 "내가 아우 덕분에 아파트 3채를 샀어"라고 흐뭇하게 말씀하실 정도였다. 그 이후로는 지금도 마찬가지로 여전히 P 호텔이 괌, 사이판 관광지에서 독보적인 우위를 점하고 있다.

크루즈 GSA, 호텔 GSA, 항공 GSA 등은 판매권을 따기가 굉장히 힘들다. 예를 들어, '가루다항공의 한국사장'이라고 하면 빛나는 명예도 있기에 자금도 많이 필요하다. 게다가 돈만 가지고도 안 되는 일이다. 그래서 실패할 경우에는 많은 걸 잃을 수 있지만, 반대로 잘만 하면 정말 크게 성공할 수 있는 재미있는 시스템이다. 해외에 있는 현지 회사들은 실력 있는 한국의 인재들에게 모든 마케팅 권한을 위임할 테니 좀 해달라며 마케팅 비용까지 주는 계약이 있지만, 사실 그런 계약은 성공시키기가 쉽지 않다. 잘 팔리는 상품이 아니라 생소하거나 영업에 자신이 없고 인지도가 부족해서 그러한 계약방식을 많이 이용하기 때문이다.

어쨌든 힐튼 호텔의 성과는 어려운 상황에서도 최고의 결실을 맺은 뜻깊은 경험이었다.

내가
여행사업을
좋아하는 이유

'우리 회사의 목적은 무엇인가? 나는 이 사업을 왜 시작했고, 왜 이끌고 가는가?'

나 자신에게 늘 묻는 질문이다. 크든 작든 회사를 운영하는 사업가라면 나는 반드시 이 질문에 답을 할 수 있어야 한다고 생각한다. 나는 이 질문에 답을 하기 시작하면서 힘들 때마다 들여다보고 읽을 수 있는 나만의 사명서를 만들었다.

'나는 스스로 아름다운 인생을 살기 위해 존재하지만, 다른 사람들을 위해 새롭고 아름다운 여행지를 개발해서 보다 많은 사람에게 즐거움과 행복 가득한 감동을 전해주기 위해 존재한다. 나는 영화처럼 아름답고 멋진 곳의 맛있는 여행을 직접 느끼고 사람들에게 전하며 살기를 원한다. 새로움에 대한 호기심으로 많이 보고 느끼는 멋진 여행을 많은 사람에게 선물할 수 있도록 그것을 찾고 만들어서 완성하는 데 몰입하고 집중한다. 새로운 지역의 신상품을 개발해서 사람들에게 행복을 전해주자. 좋은 사람들과 맛있는 음식을 먹고, 그들과 아름답고 새로운 곳을 함께 보고 느끼는 것이 나에게는 큰 행복이다. 다른 사람에게 내가 알고 있는 좋은 것들을 경험하게 하는 것은 나의 인생을 진정 가치 있게 하는 일이라고 생각한다. 올바른 마음으로 내가 가진 멋진 경험을 아낌없이 나눠주고 싶다. 특별하고 새롭고 아름다운 감동을 줄 수 있는 맛있는 여행을 이 세상의 사람들에게 순수한 마음으로 전달한다.'

내가 이 사업을 해오면서 생각한 나의 사명이다. 지금까지 내가 하는 일에서 돈을 좇기보다는 '어떻게 하면 고객을 만족시킬 수 있는 여행을 만들 수 있을까'에 집중해왔다. 여행객이 만족하고 그들의 사랑을 얻게 되면 돈은 자연스럽게 따라오는 것이라 믿고 있다. 이렇게 순수한 마음을 가지면 성공하게 되는 것 같다. 그래서 우리 회사의 이름도 '순수'로 지었다. 여행자가 행복함을 느낄 수 있는 상품을 만들자는 순수한 마음이 나뿐만 아니라 회사 직원들에게도 생겼으면 하는 바람에서 지은 이름이다.

내가 여행사업을 좋아하는 이유는 여러 가지가 있다. 그중에서 가장 큰 이유는 '사람'에 초점이 맞춰져 있기 때문이다. 나는 이 사업을 하면서 참 감사하게도 좋은 사람들을 많이 만나고 알게 되었다. 좋은 거래처의 사람들, 사업을 하는 데에 보람을 느끼게 해주는 멋진 고객들, 힘들고 어려울 때마다 나타나서 도움을 주는 귀인들까지 다양하다. 물론 좋은 인간관계는 서로 비슷한 취향의 사람끼리 교감과 소통으로 이뤄진다.

특히 거래처를 방문할 때 나는 옷차림에 특별히 신경을 쓰는 편이다. 자유롭고 창의적인 사고를 위해 점점 자율복장을 선호하는 추세로 바뀌었지만 내 생각은 조금 다르다.

옷차림은 곧 상대를 향한 배려이다. 서비스업은 단정한 복장에서 신뢰감을 준다고 믿는다. 귀중한 내 자산을 맡길 은행이 허름하고 초라한 건물에 있다면 선뜻 신뢰가 가지 않을 것이다. 또 병원에 가서 진료받을 때 나의 소중한 건강과 생명까지 돌봐줄 의사 선생님이 깨끗한 가운 차림이 아니라 후줄근하다면 쉽게 믿음이 가기 어려울 수 있다. 그래서 나는 상대에 대한 배려와 동시에 신뢰감을 주기 위해서 단정한 복장을 하고 마치 사랑하는 연인을 만나러 가는 마음으로 미팅에 임한다.

거래처를 위한 제일 좋은 선물은 무엇보다도 많은 고객이 선호할 수 있도록 잘 만들어진 여행상품일 것이다. 좋은 상품을 들고 갈 때는 나도 자신감이 충만하고 결과도 만족스럽다. 미팅 장소에 도착하면 나는 항상 1층 로비에 있는 화장실에 들러 옷매무새나 얼굴을 다시 한번 단정하게 추스르고 나서 상대방이 있는 장소에 들어간다. 물론 들어가면서 밝은 미소도 잊지 않는다. 한번은 거래처 재무담당 팀장님이 여성분이셔서 책상에 놓을 꽃을 근처 꽃집에 들러 사 가지고 갔다. 그런데 마침 그분이 연차로 안 계셔서 어쩔 수 없이 영업팀 부장님께 드렸는데, 왜 자신에게 꽃을 주는지 모르겠다는 떨떠름한 표정을 지으셨다. 이후 그분과 서로 많이 친해졌을 때 농담으로 "나한테 꽃을 가져와서 아주 당황스러웠다"라는 후일담을 한동안 들어야 했다. 지금도 거래처 사람들로부터 "회사 직원들이 항상 복장과 태도가 좋다"라는 말을 들을 때 뿌듯한 자부심을 느낀다.

나의 시선은 항상 '사람'을 향해 있다. 특히 내가 하는 사업은 그 어떠한 사업보다도 사람을 많이 만나고 상대해야 하는 업종이다. 거래처든 고객이든 만족시킬 수 있어야 살아남을 수 있는 사업이다. 사람의 마음을 얻을 수 있으면 곧 성공할 수 있다.

하루에
점심을
세 번 먹는 남자

"박 대표는 인맥이 좋잖아. 로비도 잘하고… 그러니 당연히 성공할 수밖에 없지."

나는 살면서 주변으로부터 이런 말을 자주 들었다. 내 일에 대한 열정과 노력을 무시하는 듯해서 내가 제일 듣기 싫어하는 말이지만 시간이 흐르다 보니 이제는 사람들이 장점으로 이야기하는 것 같기도 하다. 나는 사람을 만날 때 손익을 따질 줄 모른다. 인간관계에 있어서만큼은 순수한 마음이라고 진심으로 말할 수 있다. 그럼에도 불구하고 이런 오해가 생긴 이유는 유독 지위가 높은 분들과의 인맥이 많아서이다. 어떤 사람들은 오히려 윗분들이 어렵고 불편해서 친해지기 힘들다고 하는데 나는 또래나 아랫사람보다는 윗분들과 관계를 맺는 것이 훨씬 편하다.

보통은 위치가 높으면 높아질수록 외로워진다. 누군가 다가오면 '이 사람은 나에게서 뭘 빼먹으려고 친한 척을 할까, 저 사람이 나한테 원하는 게 뭘까' 하는 생각에 마음의 문을 닫고 상대를 대하게 된다. 높으신 분들이 솔직하게 하시는 이야기이다. 더구나 자신이 잘나갈 때는 시도 때도 없이 문자와 연락을 하고, 선물을 보내며 관심을 갖지만, 하는 일이 힘들어지거나 예전만큼의 자리보전을 못 하면 다들 언제 그랬냐는 듯이 멀어지더라는 것이다. 그동안 나를 도와주신 분들 중에는 내 사업과 연관된 분이 별로 없었다. 오로지 인간적으로 좋아하는 마음에 다가가고, 내가 사심이 없다는 걸 알게 되자 그분들도 나에 대한 경계심을 풀어주신 것뿐이다. 지위고하에 상관없이 진심으로 대하니 호형호제하면서 친해진 분들이 많다. 이익이나 다른 목적으로 잘하려 했다면 이미 이 좁은 업계에 벌써 소문이 났을 것이다.

나는 남들의 평판과 상관없이 내 마음이 끌리는 상대와 관계 맺는 것을 좋아한다. 또한 사람을 볼 때 장점을 발견하려 애쓴다. 그러면 사람 간에 겪는 작은 일들에도 감사함을 느끼게 된다. 가끔은 나 역시도 어떤 목적을 가지고 관계를 맺으려는 사람들을 만나게 된다. 그렇게 접근하는 사람들과는 쉬이 마음이 열리지 않는다. 나는 내 마음이 끌리는 대로 간다. 그러니 정말 사람이 좋아지는 것이다.

시즌 상품을 새롭게 준비하고 판매하기 위해서 한동안은 굉장히 타이트한 스케줄로 바쁜 일과를 보내야 했다. 새벽에 일어나 체력유지를 위해 매일 아침 운동을 하고 일찍 출근해서 조간 미팅을 한 후 통화로 오전 일과를 보낸다. 보통 점심식사는 거래처들과 대부분 함께하며 식사를 겸한 미팅을 하는데 사무실에서 하는 미팅보다 훨씬 대화도 유연하고 성과도 크다. 내가 맛집을 좋아하게 된 이유도 사실은 항상 상대방의 기호에 맞춰 메뉴를 정하다 보니 별로 좋아하지 않은 메뉴로 식사를 하는 게 스스로도 내키지 않고 미팅 분위기에도 좋지 않기 때문에 구미 당기는 종류로 먼저

3가지 정도의 맛있는 메뉴를 고른 후, 선택을 권하면 서로 즐겁게 맛있는 식사를 할 수 있고 그에 따른 대화 분위기도 좋아지기 때문에 평소에 맛집을 많이 알아두는 편이다. 거래처마다 상대방의 평소 성향에 대해 잘 알고 있는 나는 아주 바쁠 땐 보통 아침식사를 안 하는 분께 "조금 일찍 점심 같이 하실까요?" 하며 11시에 만나서 식사를 끝낸 후, 또 12시에 근처에서 다른 분과 식사하고, 빨리 만나야 할 또 다른 한곳에 "오늘 괜찮으시다면 점심을 조금 늦춰서 오후 1시에 하시지요" 하며 약속을 정해서 어떤 날은 점심식사를 하루에 3번까지 한 적도 있다.

날 때부터 친한 사람 없고, 날 때부터 인간관계가 좋은 사람은 없다. 그저 상대에 대한 진심과 나를 만나는 것이 즐거울 수 있도록 세심하게 노력하는 수밖에 없다. 나는 그런 노력이 늘 재미있고, 흥미롭다.

어려움은
나를
단련시킨다

사업을 하다 보면 누구에게나 시련과 고통이 찾아오는 때가 있다. 나 역시 매번 성공적으로 상품을 히트시킨 것도 아니고, 더 이상 준비할 것이 없다고 생각할 만큼 철저히 사전 작업을 해두어도 예상치 못한 난관에 부딪힌 적이 많다.

나는 우리나라 최초로 꽤 여러 지역에 취항시킨 전세기 사례를 가졌다. 그중 중국 복건성 복주에 처음 취항시켰을 때 여러 번 답사로 만반의 준비를 다 했음에도 불구하고 드디어 첫 편의 취항을 앞둔 며칠 전부터 예상치 못한 이상기온 탓에 마음고생을 한 적이 있다. 도착하자마자 여행객들은 날씨가 왜 이리 춥냐며 불평했고, 특히 한 고객분이 가이드에게 육두문자까지 쓰면서 "내가 이런 날씨에 여기 오려고 돈 낸 줄 아냐!"며 큰소리를 질렀다. 마음을 푸시라며 특식을 대접하고, 내내 따라 다니며 각별히 모셨는데도 결국 한국에 돌아와 판매 여행사에 크게 항의해 일부 환불을 해 드리기까지 했다. 분명 날씨를 고려해 기획한 상품이었는데, 갑작스럽게 변화될 거라고는 예측하지 못한 날씨 탓에 속수무책으로 낭패를 겪을 수밖에 없었다.

중국 광서성 남녕이라는 도시에 전세기 취항을 시켰을 때는 여행객들이 참 좋아했다. 현지 골프장 2개를 묶어 반은 관광으로 상품 기획을 하고, 반은 골프상품으로 기획했는데 베트남 인근 지역이라서 겨울이었지만 날씨가 좋았고, 멋진 풍광도 고객의 만족도를 높였다. 수개월을 애써서 행사를 크게 성공시키기는 했으나 회사는 사업적으로 큰 손실을 보았다. 애초에 골프장과 호텔을 계약할 때 좋은 요금으로 독점 계약해서 그에 맞춰 수익성을 잡았는데, 막상

판매가 다 되어 갈 때쯤 갑자기 골프장과 호텔 측에서 가격을 올려주지 않으면 독점 계약을 해지하고 다른 경쟁사에게 계약권을 주겠다는 것이다.

내 입장에서는 새로운 지역을 알려야 할 때 마케팅 비용 등 적지 않은 투자가 들어간다. 첫해에는 아무래도 싸게 팔아야 사람들을 끌어모을 수 있기에 두 번째 해부터 뿌린 것을 거두며 결실을 맺으려고 했다. 만약 다른 경쟁사가 들어오게 된다면 내가 이미 애쓰며 알린 모든 노력을 경쟁사가 거저 먹는 것이나 마찬가지였다. 오히려 처음 들어온 내가 손해이고, 이후에 들어오는 경쟁사가 더 이익을 취하게 되는 것이다. 정말 화가 나서 계약위반으로 책임을 묻겠다고 하니 맘대로 하라며 도리어 적반하장이었다. 기가 막힐 노릇이었지만, 만약 소송으로 가면 그 피해는 고스란히 우리 고객들이 질 수밖에 없기에 울며 겨자 먹기로 수익을 모두 포기하고 행사를 진행할 수밖에 없었다. 상식이 통하지 않는 거래로 큰 손실을 보고는 혼자서 그 고통을 고스란히 감내해야 했다.

오래전 일이지만 한번은 이런 경우도 있었다.

중국의 '연태'라는 아무도 관심을 갖지 않는 지역을 새롭게 런칭하기 위해 북경에 가서 지역 대표들을 모아 놓고 한 대형 관광회사와 계약하여 전세기를 취항하려 하는데 누가 그 지역으로 가서 세팅을 해주었으면 좋겠다고 말했다. 아니나 다를까 이런 도전적인 일에 선뜻 나서는 이가 없었다. 그래서 나는 그중에 누군가를 지목하여 일을 맡겼는데 "제가 그렇게 못마땅하셨나요? 제가 그렇게 미우세요?" 하며 나를 향한 원망을 했다. 그런데 나의 투자로 모든 세팅을 마치고 실제로 상품이 팔리며 성공하자 그는 감사는커녕 다이렉트로 들어오는 조건이나 계약 등으로 나보다 더 이익을 남기며 판매하기 시작했고, 나중에는 따로 독립해서 내가 다 차려놓은 밥상을 빼앗아가기까지 했다. 나중에 만났을 때 그는 "어이, 박 사장 왔는가? 뭐 필요한 거 있으면 얘기하고!" 하며 거들먹거리기까지 했다. 그때의 치욕과 배신감은 지금 생각해도 머리가 삐죽삐죽 선다. 사업하면서 이런 일이 참 많았다.

나는 사업도 하나의 예술이라고 생각한다. 위대한 예술가들이 정작 살아생전에는 냉대받고 고통 속에 살아갔던 것처럼 사업을 하다 보면 남몰래 눈물을 흘려야 할 때가 많다. 울부짖을 각오가 되어 있지 않다면, 나는 처음부터 아예 예술을 하는 게 아닐지 모른다고 생각한다. 먼저 내가 즐겁게 춤을 출 준비가 되어 있지 않다면 내가 하는 일은 결코 예술이 될 수 없다. 나는 매일 용기를 내며 용기 내는 법을 배운다.

화려하고
자유롭지만
눈물겨운 직업

여행은 누구나 좋아하기에 여행업에 큰 관심과 호감을
가진 분들이 많다. 특별히 여행업에 적합한 자질이 따로 있
다고 생각하진 않지만, 나는 기본적으로 갖춰야 할 덕목은
분명히 있다고 생각한다. 여행업은 평화 산업이라 전쟁, 질
병, 경제적 고비 등 작은 사회적 위기나 악재가 생기면 가장
먼저 직격탄을 맞는 분야다. 기본적인 의식주 생활에 필요
한 비용은 절감한다 하더라도 어쩔 수 없는 지출은 하게 되

어 있다. 그러나 재난이나 경제적 어려움이 오면 우선으로 모든 여행은 취소되거나 미뤄진다. 따라서 굉장히 업다운이 심하고 그로 인해 많은 어려움을 겪을 수 있는 직업이다. 오히려 이 산업 분야에서 일을 하려면 화려함과 자유로움보다는 지치지 않는 인내와 끈기의 성향이 필요하다. 그렇다 해도 여행업은 분명 모든 단점을 넘어서는 특별한 매력이 있다. 만약 나에게 "다시 태어난다면 어떤 직업을 가지고 살겠냐?"라고 누군가가 묻는다면 나는 "이 업을 다시 하겠다!"라고 답할 것이다. 돈으로 바꿀 수 없는 수많은 매력과 특별함을 경험할 수 있기 때문이다.

여행업은 어찌 보면 참 화려한 직업이다. 웬만한 부자들도 누려보지 못하는 최고급 호텔과 최상급 수준의 여행을 먼저 경험해 볼 수 있기 때문이다. 그렇다 보니 자신의 경제수준보다 눈이 높아져서 불필요하게 과소비를 일삼게 되는 업계 풍토도 만연하다. 부끄러운 얘기지만 나 역시 최고급 호텔들을 누비며 명품으로 온몸을 치장했던 과거의 모습도 있었다.

여행업을 시작하고 나면 일정 기간 동안은 '일은 많고 대가는 적은' 과정을 겪어야만 한다. 그러나 그 임계점을 넘어서면 온 세상을 누리며 살 수 있는 큰 보상이 주어진다. 자존감이 떨어지고 내가 작아 보일 때마다 속으로 '이 세상에 나보다 특별하고 멋진 경험을 해본 사람은 찾기 어려워. 난 정말 돈으로 살 수 없는 풍요로운 세상을 경험하고 살았으니 앞으로도 그럴 거야.' 하고 중얼거린다. 앞으로도 잘 알려지지 않는 보석 같은 여행지를 많은 사람과 함께 즐기고 나의 여행 경험을 전하며 살고 싶다.

여행업은 알고 보면 참으로 인생역전 드라마 같은 스토리가 많은 곳이다. 전설처럼 화려했던 대형 여행사들이 IMF, 사스, 리먼 브라더스 사태, 메르스, 쓰나미, 코로나와 같은 위기로 인해 파도가 뒤집히듯 한순간에 사라지기도 하고, 시작이 미약했던 작은 회사들이 지금은 우리나라 여행업계의 리딩 기업으로 도약하기도 한다. 그분들의 성공에는 운도 많이 따랐겠지만 눈물겨운 노력과 인내도 컸다. 말단직원이었던 사람이 지금은 대형사의 오너와 임원이 되기도 하고, 많은 부침 속에서도 업계에서 살아남아 이제는 소위 뵙기 어려워진 분도 많다. 이후 회장님이 되셔서도 늘 겸손하시고, 내가 보낸 안부 문자에 가장 먼저 답장을 해주시는 분도 계시다.

여행업에 관심을 가지고 업무를 하고자 하는 지원자들을 면접을 통해 많이 만나 보았다. 대부분은 이 직업군에 대해 큰 환상을 가지고 있다. 전 세계 어디든지 남들보다 빠르게 많은 곳을 경험할 수 있고, 남들의 부러움을 사는 화려한 일이기 때문이다. 누구보다 여행을 좋아하고 여러 방면에 호기심이 가득한 사람들에게 잘 맞는 직업이다. 그러나 한 가지 생각해봐야 하는 것은 그러한 겉모습만을 좇아 이 업을 선택해서는 결코 안 된다는 것이다. 본인이 여행하는 것이 목적이 아니라 많은 사람이 아름답고 감동적인 여행을 할 수 있도록 도와주는 일일 뿐이다. 어쩌면 그 여행지를 가장 즐기지 못하는 편에 속한다. 어떤 나라나 회사가 주력하는 사업 지역에 여행객들이 꼭 여행을 가야 할 만한 확실한 이유와 명분, 근거를 찾아야 한다. 매일 그것의 타당성을 연구하고 적극적으로 상대방을 설득할 수 있어야 한다. 조금씩 내용을 수정하는 방향으로, 상품의 프레임을 주기적으로 개선하여 언젠가는 나뿐만 아니라 누구나 마음에 드는 작품을 하나 완성해 보겠다는 다짐이 필요하다.

나는 매일 하루에도 몇 번씩 나의 직업에 대해 생각한다. 항상 최선을 다한다는 겸손한 사람들에게 어떤 좋은 영향을 주는 회사로 성장시켜 나갈 수 있는지를 진지하게 늘 고민해 나가고 있는 중이다.

행운을 만드는 질문의 힘

"직원이 회사에 진정으로 원하는 것이 무엇일까?"
"앞으로 나와 내 사업은 어떻게 될까?"
"나는 고객에게 무엇을 줄 수 있을까?"
"이 분야에서 성공하려면 어떤 경쟁력이 필요할까?"
"나는 세상에 어떤 유익을 줄 수 있을까?"

좋은 질문을 하는 것은 주도적이고 능동적인 생각의 시작이다. 주어진 상황에 반응하며 따라가는 것이 아니라 새로운 기회를 만들며, 주도적인 삶을 살기 위해서는 반드시 질문이 필요하다. 다양한 질문으로 새로운 답을 만들어가라. 그것이 행운을 만드는 진짜 비결이다.

운이 좋아서 성공한 것이 아니라

내 일에 신념과 열정을 가지고 미쳐서 살았기 때문에

성공으로 가는 길을 발견한 것이다.

2부

'최고'의 가치를 만든
'최초'의 시도들

대한민국
최초의 내몽고
전세기 취항기

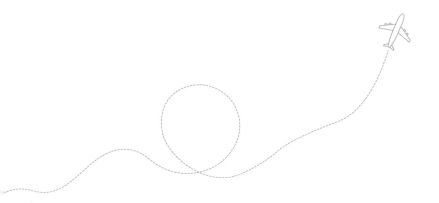

여행사업을 하면서 새로운 상품의 개발과 신시장 개척은 내게 가장 큰 보람과 사명감을 느끼게 해주었다. 아직까지도 업계에서 최고의 성공사례로 회자되는 '내몽고 전세기 취항'은 사업적으로나 개인적으로도 큰 자부심을 느끼는 대한민국 최초의 취항 작품 중 하나다.

여행사업에서는 계절에 맞는 지역이나 시즌 상품을 기획하고 타이밍에 맞춰서 마케팅을 펼치는 등 전략이 아주 중요하다. 한국이 추운 겨울에는 따뜻한 지역으로의 여행을 선호하고, 반대로 더운 여름에는 시원한 지역을 타깃으로 상품을 기획하는 게 기본이다. 내가 중국 여행사업을 할 때도 겨울에는 따뜻한 해남도나 광동성 같은 남방 쪽을 위주로 한 상품이 반응이 좋고, 여름에는 북방의 백두산 상품 등이 대표적으로 반응이 좋았다. 이렇듯 늘 시즌을 겨냥한 상품을 기획하는 것이 시장을 주도하는 여행사업의 기본 중 기본이다.

'니하오 차이나'라는 중국 전문 현지 여행사를 할 때의 일이다. 아무래도 중국 여행 전문 회사라 중국에서 공부한 인재들이 많이 지원했는데, 면접을 볼 때마다 나는 그들에게 "인생 최고의 여행지는 어디이며 어떤 이유에서입니까?"라고 묻곤 했다. 그때 여러 지원자가 '내몽고'라는 곳을 추천했다.

그 후, 여름 기획 상품을 고민하다가 지원자들이 말한 내몽고에 대한 기억이 떠올랐다. 중국에 있을 때 경험한 대부분의 여행지는 이미 내가 잘 알고 있는 곳이었다. 그러나 내몽고라는 지역은 그때만 해도 가본 적이 없어서 무척이나 호기심이 갔다. 자료를 찾아 조사하고 공부해보니 면접에서 들었던 것처럼 정말 묘한 매력이 느껴졌다. 다만, 우리나라에서 내몽고로 가는 지리적 접근이 다소 복잡한 것이 흠이었다. 북경을 통해 기차로 12시간을 이동해야 하거나 항공을 경유해서 들어갈 수밖에 없는 어려움이 있었다. 지리적 여건상 접근이 불편한 지역이다 보니 상품화가 힘들었다. 고심 끝에 내린 결론은 '원하는 시기에 항공을 전세기로 신청해 직항으로 들어가는 것'이었다. 이것이 가장 확실한 방법이라 여긴 나는 함께 참여할 여행사들에 판매를 제안했다.

그동안 내가 공부한 지식을 토대로 상품의 의도나 장점을 설명하니 여행사들도 긍정적인 반응을 보였다. 나는 겨울이 시작될 때 앞당겨 여름 상품인 내몽고를 준비했기 때문에 그해 11월에 바로 실행에 옮기고자 내몽고로 답사를 떠났다. 북경을 거쳐 내몽고 성도(우리나라로 도청 소재지, 대표 도시) 후허하오터에 도착했는데 첫인상은 그리 썩 좋지 않았다. 추운 겨울에 스산한 도시는 썰렁해 보였고, 내몽고의 가장 큰 특징이라 할 수 있는 초원으로는 아예 들어갈 수도 없는 시기였다. 이건 아니다 싶어서 후허하오터 시내에만 이틀을 머물다가 아무 소득 없이 돌아왔다.

제쳐둔 내몽고에 대해 그 후로도 뭔가 모를 미련이 남아서 겨울이 끝나고 봄이 돌아오는 시기에 다시 한번 답사를 강행했다. 4월에 다시 찾았을 때도 솔직히 반신반의한 마음이 더 컸다. 한국과 다르게 내몽고는 한창 겨울이었지만 11월과는 조금 다른 생기가 느껴지기 시작했다. 초원도 아직 열리지 않았지만 이번엔 입구까지 이동해서 전망할 수 있었다. 현지 여유국(관광국)의 설명으로는 이 초원이 곧 푸르게 변하고 꽃들이 만발해지면 너무나 아름다운 풍경이 펼쳐질 거라고 했다. 현지 설명에도 눈으로 직접 확인하지 못했기에 실감은 할 수 없었지만, 자료로 본 사진 속 풍경은 그 말을 충분히 뒷받침해주었기에 나는 상상으로나마 멋진 광경을 머릿속에 그려 나갔다. 일단 추진해 보기로 하고, 대형 여행사 몇 곳을 판매사로 정한 후 대한항공에도 전세기 취항을 신청했다.

비록 꽁꽁 언 땅이었지만 골프장을 둘러보며 골프 상품 기획도 함께 구상했다. 완벽하지는 않았지만 소기의 성과를 가지고 귀국한 후 적극적으로 전세기 작업을 추진하여 '여름 성수기 기획 내몽고 상품' 세팅을 확정지었다. 그러고 나서 최선을 다해 상품을 포장하고 전력을 다해 홍보마케팅에 집중했다. 내몽고를 판매하는 입장에서도 지금까지 없던 상품이고 레드오션의 가격 비교 상품이 아닌 수익성이 괜찮은 색다른 상품인지라 적극적으로 임해주었다. 덕분에 초기 판매 성과가 성공적이었고, 판매 중간부터는 다녀오신 고객분들의 긍정적인 입소문까지 더해져 결론적으로 대성공을 거두었다.

나는 상품판매가 진행되는 동안 수차례 내몽고에 들어가서 행사 준비를 철저하게 지휘하며 만반의 준비를 했다. 드디어 모객이 완료된 성공의 기쁨을 안고 나는 대한민국 최초의 내몽고 전세기 취항 편에 함께 탑승했다. 공항에 도착하니 역사적인 첫 직항편으로 들어온 우리 손님들을 맞이하기 위해 내몽고 자치구 정부에서 환영 행사까지 열어주었고, 화려한 팡파레 속에 입국했다. 그 순간의 감동은 정말 평생 잊지 못할 정도로 짜릿했다. 게다가 내가 사전에 주문한 대로 가이드들은 내몽고 전통 복장으로 이채롭게 손님

한 분 한 분께 꽃목걸이를 걸어주었다. 여행의 시작부터 아주 기분 좋은 출발이었다.

후허하오터 시내에서 훠궈로 맛있는 첫 식사를 한 후 초원으로 이동했다. 버스가 시내를 벗어나 얼마간 달리다가 드디어 푸른 초원의 커다란 팔랑개비가 도는 아름다운 풍경이 눈앞에 들어오기 시작하자 손님들은 다들 차창 밖으로 펼쳐지는 이국적인 모습에 감탄하며 탄성을 터트렸다. 이 순간, 내가 답사할 때 듣고서 반한 내몽고 초원 음악이 버스 안에 울려 퍼지니 손님들은 박수를 치며 처음 듣는 음악을 흥얼거리기까지 했다.

사전에 꼼꼼하고 치밀하게 준비하긴 했지만 기대 이상의 반응에 '이 맛에 내가 여행사업하는 거지!'라며 스스로 대견스러워했다. 많은 연습으로 준비한 만큼 모든 관광 스케줄이 완벽하게 진행되었다. 초원에서의 식사는 현지 전통 음식으로 양고기가 주를 이뤘다. 그러나 나이가 있으신 분들이나 현지 음식이 입에 맞지 않을 분들을 위해 가이드를 통해 테이블을 돌면서 식사가 괜찮으신지를 챙기며 김치와 김, 고추장 등을 전해드렸다. 같은 물건을 전하더라도 어떻게 전달하느냐에 따라 상대방이 느끼는 감동은 다를 수 있다. 나는 관광객분들이 자신을 챙겨준다는 느낌이 들도록 테이블에 미리 세팅해 두지 않고 일일이 세심하게 챙기며 꺼내드렸다. 그랬더니 매우 좋아하시면서 "우리 가이드 최고!"라며 행복하게 맛있는 식사를 즐기셨다. 또 밤에는 그야말로 별빛이 쏟아지는 초원에서 양고기와 소고기 바비큐를 직접 눈앞에서 구워 대접하니 모든 분들이 인생에서 아주 기억에 남을 여행이라며 감동하셨다. 그 모습에 나는 가슴속으로부터 커다란 뭉클함과 희열을 느꼈다.

기념적인 첫 취항 편에는 어머니도 모셨는데 내몽고 부성장(한국으로는 부도지사)이 직접 따로 식사를 대접해 주었다. 부성장은 식사자리에서 그동안 대한민국과 내몽고 간 직항은 여러 사람이 시도하려다가 못 이뤘는데 아주 훌륭한 아드님을 두셨다며 나를 치켜세워 주었다. 그 말에 진심으로 기뻐하신 어머님께도 모처럼 아들 노릇을 한 것 같아 뿌듯한 마음이었다.

작은 아이디어가
만든
큰 성과

여행사는 항공사의 좌석을 얼마나 많이 선점하는가가 큰 경쟁력이 된다. 항공사도 각 여행사의 판매실적에 따라 좌석 배정을 하므로 안정적으로 세일즈하는 전략을 가진 대형 판매사를 중심으로 취항 노선의 원활한 좌석 판매를 위해 그룹 요금의 좌석을 먼저 배정한다. 항공사 입장에서는 단체 좌석을 배정해 안정성 있게 선판매를 먼저 소진한 후, 일정 비중의 비싼 개인요금 좌석 판매로 수익을 높인다.

여행사 역시 좌석 확보와 저렴한 항공가격 확보를 위해서 그룹 좌석을 신청해서 판매하기를 원한다. 성수기에는 요금보다 좌석 확보가 더 중요하고, 비수기에는 경쟁력 있는 요금 확보가 더 중요한 관건이 된다. 그런데 비수기에는 각 판매사마다 배정받은 좌석을 채우기가 굉장히 부담스럽고 어렵다. 그래서 항공사에서는 각 여행사별로 소량의 판매를 그룹으로 묶어서 판매를 독려하기 위해서 연합판매를 도모한다. 예를 들면, 각사의 소량판매를 연합으로 묶어 그룹을 형성하는 것이다. 그렇게 되면 판매하는 입장에서도 부담이 없고, 소비자 입장에서도 그룹 가격을 적용받게 되어 상품가격이 저렴해진다.

대한항공에서 중국 황산에 신규 취항을 준비할 때의 일이다. 항공사에서는 새로운 지역에 취항하기 위해서 적극적인 홍보를 진행했다. 당시에는 TV 광고도 방영했고, 판매 연합을 위한 여행사를 선정하기로 했다. 여기서 항공사 연합상품을 주관할 수 있는 회사로 선정되면 영업에 큰 도움이 되기 때문에 다들 연합사 선정을 절실히 원하는 상황이었다. 아쉽게 선정되지 못한 회사는 "선정사가 정당한 실력이 아닌 로비나 기타 관계에서 결정된 것 아니냐"라는 식의 불만을 갖기도 한다. 그래서 항공사에서는 공정함을 위해 먼저 자료제출 등으로 사전심사를 하고, 예비 합격사 3곳을 선정해 최종적으로 연합 회의에서 프레젠테이션을 하게 한다.

다행히 우리 회사도 1차 심사에서 합격해 프레젠테이션 자리까지 올라가게 되었다. 예비 합격사 3곳 중에 맨 마지막으로 발표를 했다. 우리 회사에 앞서 진행된 두 곳도 나름대로 자신들의 핵심 역량을 잘 주장하는 발표를 했고, 호텔, 관광, 차량, 식사 등의 준비성은 다들 비등해 보였다. 나는 이 프레젠테이션을 준비하면서 경쟁사들보다 차별화된 아이디어를 생각했지만 아무래도 신규 취항 지역이다 보니 객관적인 행사 능력을 검증받기가 애매하다는 결론에 다다랐다. 전날까지 전전긍긍하며 TV를 보다가 마침 대한항공 황산 취항 광고를 보게 되었고, 그 순간 뇌리에 번뜩이는 아이디어가 떠올라 무릎을 '탁' 치며 쾌재를 불렀다. 드디어 내 발표시간이 다가와 자신감 있게 준비한 내용을 마친 후 판매 연합사 팀장들에게 질문을 던졌다.

"여러분, 이번 황산 신규 취항을 앞두고 방영되는 TV 광고 다들 보셨습니까? 보통 대한항공 취항 광고는 아름다운 배경을 담는 이미지 콘셉트인데, 이번 황산 편은 절경의 산 위에서 내려오는 한 노인과 아래에서 올라가는 젊은이가 산중턱에서 마주쳐 서로 웃으며 응원하듯 인사를 나누는 장면이었습니다. 거기서 나눈 대사가 무엇인지 알고 계시나요?"

"두 사람 간에 대사가 있었나요? 그냥 '니하오!' 하면서 인사하는 것밖에 없던데요."

"네, 맞습니다. 감사합니다, 지금까지 '니하오 차이나'였습니다!"

당시 우리 회사 이름이 하필 '니하오 차이나'였던 것이다. 투표 후 최종으로 선정된 곳은 당연히 우리 회사였고 연합사 팀장들은 다들 "'니하오!' 한 마디로 끝내셨습니다." 하고 내게 덕담을 했다. TV 광고를 보고 떠오른 작은 아이디어 하나가 단 한 군데의 연합사를 선정하는 발표에서 큰 임팩트를 남긴 셈이다.

연합 주관사로 선정되는 일은 생각보다 쉽지 않은 일이

다. 그러나 선정되었을 때 진심을 다해 행사를 진행하고 고객들로부터 좋은 피드백을 받은 선례를 쌓을수록 항공사의 신뢰와 인정을 얻을 수 있었고, 다음 시즌이나 해가 바뀌었을 때도 '작년에 굉장히 잘했어' 하는 평가에 약간의 가산점을 받는 일이 많아지면서 우리 여행사는 가장 많은 항공사의 연합 주관으로 선정되는 쾌거를 이뤘다.

주관사 선정뿐만 아니라 대형 여행사에서 협력사를 선정할 때도 마찬가지로 여러 협력사를 두고 경쟁을 붙인다. 이때 느낀 것은 선정이 되었을 때 한 해 한 해 성실하게 실적을 쌓아두면 협력사 경쟁이 붙어도 '어차피 거기서 다 할 건데 뭐하러 피곤하게 경쟁해' 하며 다들 지레 포기를 하더라는 것이다. 이렇게 어느 정도 입지를 굳힌 후에는 상당히 수월하게 비즈니스를 할 수 있었다. 이 자체가 내게는 큰 성과였다.

북경 최초,
외국인 시티버스
사업 진출

나는 여행업계에 종사하면서 남들이 하지 않는 새로운
시도들을 많이 해봤다. 아무도 모르는 좋은 지역을 발굴한
다든지 아무도 생각하지 않았던 상품의 기획을 하는 게 나
의 특기였다. 그것이 내겐 '최초'라는 수식어가 늘 따라붙
는 이유였다. 물론 어디까지나 '시도'였기 때문에 엄청난
센세이션을 일으키긴 했으나 별 성과 없이 중단될 수밖에
없었던 상품도 종종 있었다.

그중의 하나가 북경에서 운영했던 투어 시티버스 사업이다. 그 당시만 해도 단체 관광 패키지로 아침부터 저녁까지 여행객을 데리고 다니면서 들르는 관광지마다 사진이나 찍고, 살 것도 없는 쇼핑센터에 들르는 상품이 비일비재했다. 북경은 관광지에 대한 설명이나 이야기를 들어야 더욱 흥미로운 곳이 많은데 그냥 여행사에 정한 코스 일정들만 별설명 없이 찍고 돌아오는 상품들이 많아서 고객들의 불만도 많았다. 나는 이러한 패키지여행의 단점을 해결하고 싶었다. 패키지여행을 하지 않는다면 결국 자유여행인데, 말도 통하지 않는 다른 나라에서 여행객들이 알아서 여행지를 찾고 식당을 찾고, 숙소를 정하기란 여간 어려운 일이 아니다. 엄청난 시행착오를 겪는 것은 물론이고, 지금처럼 여행 정보가 무궁무진하던 때가 아니기에 아무런 내용도 모른 채 관광을 할 수밖에 없었다.

그래서 자유여행과 패키지여행의 장점을 결합해서 '북경 시티버스 투어' 상품을 만든 것이다. 정해진 노선이 있고, 정해진 시간에 버스를 타면 정갈한 유니폼을 차려입은 가이드들이 관광지에 대한 설명을 버스 안에서 해준다. 자신이 내리고 싶은 곳에서 내려 자유롭게 둘러보고 다시 버스에 탑승하면 되는 그런 상품이었다. 북경의 서우두공항에서 버스가 대기하고 있으면 한국에서 예약을 한 여행객들이 탑승하는 오로지 한국인만을 위한 서비스였다. 당시만해도 우리나라에 아직 시티투어 버스가 생기기 전이니 한참이나 시대를 앞서간 발상이었다.

중국의 허가를 받는 것도 쉽지 않았지만, 무역업을 하며 특허 관련 인사들과 관계가 좋았던 조선족 친구가 있어 그의 도움으로 비교적 수월하게 중국의 허가를 얻을 수 있었다. 처음에는 버스에 한국어로만 도색을 했는데, 한글을 다 지우지 않으면 허가를 안 내준다기에 영어와 중국어, 한글을 작게 넣는 디자인으로 바꾸어 다행히 승인을 받을 수 있었다. 한 구간은 자금성, 왕푸징 거리, 이화원 등의 시내 관광 노선으로, 한 구간은 만리장성, 명십삼릉 등 시외 관광 노선으로 운행했다. 3개월간 정말 열과 성을 다해서 한국에 홍보했다. 비용이 정말 많이 투입되었고, 사활을 건 기획이었지만 적자를 면치 못하고 접을 수밖에 없었다.

시대를 너무 앞서간 탓이었다. 버스 안에서 안내를 받고 자신이 원하는 곳에 내려서 자유롭게 구경한 후 다시 시간에 맞춰 버스를 타면 되는 것이었는데, 너무 방임하는 방식이라는 생각에서인지 걱정 반, 우려 반의 시선이 더 컸다. 오히려 중국이 아니라 유럽이나 하와이에서 이 사업을 했다면 조금 더 성공적으로 정착시킬 수 있지 않았을까 하는 아쉬움이 있다.

하지만 북경에서의 한국인을 위한 시티투어 버스 기획은 여행업계에서 내가 이룬 업적 중의 하나다. 내가 시도한 이후에 유럽을 비롯한 여러 나라에서도 한국인을 위한 시티 버스와 노선이 생겼다. 나는 성공시키지 못했지만, 후배들이 아류로 봉고차를 이용해 비슷한 여행 상품을 개발하여 돈을 많이 번 사례도 있었다. 그러한 수요가 분명 있었기 때문이다.

내가 중국에서 이 사업을 처음 시작했을 때, 참 많은 관심을 받았다. 중국 CCTV에서 인터뷰 요청도 있었고, 우리나라에서 사절단이 와서 돈은 얼마든지 줄 테니 이 버스를 바로 이용할 수 있냐는 요청도 있었다. 당시에는 예약 손님을 위해 마련되었던 터라 거절할 수밖에 없었다.

북경 서우두 공항에 예쁘게 도색된 시티투어 버스가 서 있으면 외국인들이 정말 신기하게 쳐다보곤 호기심 어린 투로 타도 되냐고 묻곤 했다. 오히려 한국에는 홍보하느라 굉장히 고생했는데 공항에 이 버스가 서 있는 것 자체가 백인들이나 유럽인들에게 꽤 눈에 띄었던 모양이다. 한국인만을 위해 한국어로 서비스된다고 하니 많이들 실망하는 눈치였다. 차라리 영어 가이드를 돌렸다면 그나마 운영이 좀 되었을 것 같은데 지금 와 생각해보면 못내 아쉬움이 든다. 적자라고 해서 상품을 바로 내릴 수는 없었기에 사업을 1년 가까이 억지로 끌어가다가 막판에 대한항공에서 항공 이용객들만을 위한 현지 리무진으로 사용하려는 내사에 착수하기도 했다. 중국에서 시티투어 버스를 허가받은 것도 신기하고, 당시로서는 굉장히 획기적인 시도였기 때문에 항공사 내부에서는 미래의 전망도 긍정적으로 평가해 주었다. 그래서 최종 단계로 검증 기간을 1년 정도 가져보자는 의견이 오갔으나 결국은 무산되고 말았다.

비록 성공적으로 끝맺지는 못했지만 이 시도는 '박정수'라는 사람을 업계에 제대로 알릴 수 있는 신호탄이었다. 북경에서의 사업이었지만 우리나라 언론사들이 앞다투어 취재해 가기도 한 파격적인 시도였음에는 분명하다.

한중일 구간
크루즈
한국 최초 운항

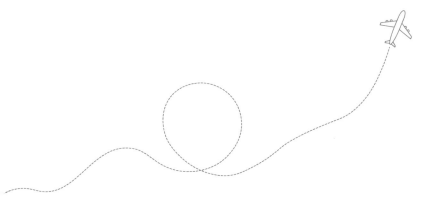

에메랄드빛 바다가 아름다운 지중해, 알래스카, 카리브해를 가르는 크루즈 여행은 많은 사람이 즐기는 여행 상품이다. 한국인들은 막연히 숙식과 각종 시설이 마련되어 있고, 몇 날 며칠을 크루즈 위에서만 여행하니 비쌀 거라고 생각하지만, 의외로 크루즈 산업이 잘 발달한 서양에서는 합리적인 가격에 편하게 즐길 수 있는 여행으로 각광을 받는다. 또한 한국과 중국, 일본 등 아시아의 바다가 서양에 비해 상대적으로 예쁘지 않은 탓에 크루즈 여행이 잘 발달되지 못한 면도 있다. 아시아 쪽에는 주로 여객선과 화물선 위주의 운항만 되고 있었던 때에 나는 한중일을 잇는 크루즈 여행 상품을 기획했다.

예전에 국내 한 방송국에서 맛집을 탐방하는 프로그램을 방영했었다. 거기에서 추석 특집으로 한중일 맛집을 다루었는데, 중국 쪽 촬영 협조를 내가 담당했다. 그때 프로그램 담당 PD와 소통하면서 친구가 되었다. 나이도 같아서 즐겁게 다녔던 것 같다. 이것이 계기가 되어 홍콩의 스타크루즈가 한중일에 출항을 하게 되었는데 한국, 중국, 일본을 두루 잘 아는 사람이 필요했다. 스타크루즈 한국지사 사장이 나의 친구였는데, 그 친구는 한국뿐 아니라 중국, 일본까지 총괄하는 지사장이었다. 내가 친구이기 때문에 나에게 맡아 달라고 한 것은 아니었고, 마침 내가 일본에서 학교를 다녔고, 중국 쪽에서 여행업을 하는 한국인이었기에 적임자라고 생각했던 것 같다. 그렇게 최초로 취항하는 한중일 노선의 크루즈 사업을 내가 관장하게 되었다.

한국과 중국, 일본의 기항지를 거쳐 항해를 하다 목적지에 도착하면 관광을 하고 다시 탑승할 수 있는 당시로써는 정말 제대로 된 크루즈가 취항을 했던 것이다. 스타크루즈는 주로 싱가폴, 홍콩 등 여러 나라를 다니는데 한중일 루트를 당시 내가 맡아서 행사를 했던 것이다. 반응이 좋았고 상품도 점차 알려지려는 무렵 사스(SARS)의 발병으로 아쉽게 철수할 수밖에 없었다.

이럴 때는 참 하늘이 야속하다는 생각이 든다. 힘든 일이 생길 때마다 항상 긍정적인 생각으로 재빨리 돌리려 노력하고, 어려움은 더 좋은 일을 끌어당기기 위한 과정임을 잘 알지만 새로운 상품을 위대한 작품으로 성공시키기 위해 나의 모든 노력을 쏟아부어 몰입하고 최선의 집중을 함에도 내 힘으로는 어쩔 수 없는 악재가 찾아와 이제 막 뜨려는 상품을 접어야 할 때면 솔직히 기운이 빠진다. 그래도 어쩌겠는가. 그것이 하늘의 뜻인 것을…. 받아들이는 수밖에 없다. 하지만 그렇다고 해서 좌절하고 넋 놓고 있을 수만은 없다. 그건 내 스타일이 아니다.

부담이 없는 저렴한 요금, 맛있는 음식, 흥미로운 볼거리가 가득한 질 좋은 상품을 개발하기 위해 고민하고 또 고민하는 수밖에 없다. 어디서도 접할 수 없는 창의적인 상품 구성과 차별화된 경쟁력으로 고객의 감동을 이끌어 낼 수 있는, 최고의 가치를 선사할 수 있는 여행을 만드는 것이 나의 사명이다. 익숙함에서 벗어나 누구나 새로운 느낌을 경험할 수 있는 여행을 제공하는 것이 내가 이 사업을 하는 의미이며 하늘이 내게 준 임무라고 생각한다. 그리고 이 일을 할 때 나는 가장 행복하고 가슴이 뛴다. 사람들의 행복한 모습을 보는 것만으로도 이 일을 하는 이유는 충분하다.

독점을 기획하고
경쟁에서
벗어나라

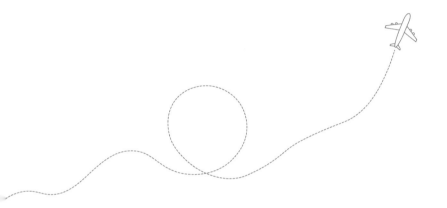

    나는 외국에 있을 때나 국내에 있을 때 될 수 있으면 TV를 안 켜려고 한다. 왜냐하면 우리나라 TV 프로그램은 너무 재미있어서 한 번 보기 시작하면 계속해서 시청하게 되기 때문이다. 그래도 가끔 TV를 켜면 아름다운 전 세계의 풍경이 펼쳐지는 영화나 여행 관련 예능 프로그램을 주로 본다. 그런데 나만 그런 것은 아닌 것 같다. 많은 시청자가 여행 관련 프로그램을 좋아하고, 시청률도 높다. 여행업계에서 신과 같은 존재로 여겨지는 사람이 한 명 있는데, 바로 tvN의 나영석 PD다. 그가 프로그램을 촬영한 지역은 어디든 반응이 폭발적이었다. 나 역시 그로 인해 간접적으로나마 적지 않은 영향을 얻은 적이 있었다.

당시 나는 더 이상 중국 쪽 비즈니스를 하고 싶지 않아서 그만두고 좋은 지역의 발굴을 도모하고 있었다. 그러던 중에 '꽃보다 할배' 대만 편이 한국에서 방영되었고 우리나라와 가까운 지역임에도 그동안 관광 소외 지역이었던 대만이 갑자기 뜨기 시작했다. 그때 항공사에서 대만 쪽을 맡아 달라는 제안이 와서 진에어 항공사 연합 주관을 내가 맡게 되었다. 방송의 힘이 정말 대단하다고 느꼈던 것이 여행사로 대만 여행에 대한 문의가 폭주를 했고, 대만 현지에 한국인 가이드가 없어서 여행사 사장들이 매일 한국으로 가이드를 30~50명씩 모집해 들어갔다.

게다가 며칠 만에 대만이 레드오션화되어 상품 구성이나 가격 면에서 경쟁이 아주 치열해졌다. 보통 3박 4일 일정이 꽉 차게 대만 타이베이 시내 관광 1일과 예류공원, 스펀, 진가스, 지우펀 등의 큰 볼거리가 있는 시외관광 하루, 또 화

렌이라는 아름다운 풍경구 하루가 패키지 일정으로 짜임새 있게 구성되어 부모님이나 가족 단위로 즐겁게 다녀오기 안성맞춤이었다. 나는 그 수많은 대만 여행 상품들과 내가 기획한 상품에 차별점을 만들고 싶었다.

나는 이곳을 '맛있는 타이완'이라는 상품으로 기획해 당시 홈쇼핑 판매 제안을 받고 런칭했다. 이미 경쟁에 많이 노출된 지역이라서 이목을 끌기가 쉽지 않았는데 '미식 여행'이라는 콘셉트로 홈쇼핑 방영을 하니 그야말로 대히트를 칠 수밖에 없었다. 대부분의 상품이 모두 비슷비슷한 인기 관광지를 다니고 한식, 현지식 등을 번갈아가며 식사를 제공해 음식에 대한 매력이 없었다. 그러나 나는 매 끼니마다 일반적으로 맛보기 힘든 현지의 맛집을 발굴하여 특별함을 더한 것이다. 그 결과 보통 홈쇼핑에서 모객을 하면 1회 방송에 1,000여 명 정도가 모이는데 내가 기획한 '맛있는 타이완'은 3,200명이 모객되어 그야말로 대박을 터뜨렸다.

똑같은 지역을 상품으로 기획하고 이미 유명한 관광지는 정해져 있기 때문에 무엇으로 다른 상품과의 차별점을 만들 것인가는 늘 나의 숙제다. 그러나 작은 것에서 차이를 만들어내고 경쟁에서 벗어날 수 있는 나만의 아이디어를 더하면 항상 결과가 좋았다. 어느 책에선가 '경쟁에서 이기려면 경쟁에서 벗어나라'는 문구를 본 적이 있다. 레드오션 속에서 벗어나 블루오션으로 이동하라는 말이 아니다. 레드오션 속에서 함께 경쟁하지만, 자신만의 전혀 다른 관점으로 특별함, 차별점을 만들라는 의미다. 그러면 그 경쟁은 더 이상 경쟁이 아니라 내 것이 돋보일 수 있는 독점의 무대로 바뀐다.

수많은 여행 상품을 기획하고 출시하면서 나는 경험으로 이를 터득했다. '이 정도 상품으로 내놓으면 팔리겠지'가 아니라 '와! 내가 만들었지만 정말 가고 싶다!' 하는 기획이 늘 성공을 가져다주었다.

청정지역
칭다오 2박 3일
초대박 이야기

사스가 어느 정도 수그러들 때쯤 여행수요가 조금씩 늘어날 법한 시기임에도 여전히 중국여행에 대한 예약은 올라오지 않았다. 당시 나는 중국 사업을 주력으로 했기 때문에 어떤 전략을 세울지 끊임없이 고민하다가 마침 우리나라 평택항에서 취항하던 페리 회사의 상품을 특가로 생각해보게 되었다. 이 상품을 기획하면서는 지중해 크루즈에서 힌트를 얻었다.

'사스 이후에 사람들이 가고 싶어 하는 여행지는 어디일까, 어떤 콘셉트가 의미 있을까' 많은 고민을 하며 머리를 쥐어짰다. 바이러스라는 전염병 때문에 몇 개월을 공포에 떨었던 사람들에게 여행의 재개를 알릴 만한 키워드가 무엇일지 고심하던 끝에 '청정'으로 잡았다. 그리고 '중국에서 가장 청정하고 안전한 곳이 어디일까?'를 생각했을 때 '칭다오(청도)'가 떠올랐다. 맥주 이름으로도 국내에 잘 알려진 칭다오는 물이 맑고 황금빛 해변이 넓게 펼쳐져 있는 아름다운 해안 도시다. 한때 독일의 점령지로 독일 문화의 영향을 받아 시내 곳곳에 유럽식 건축물들이 많이 남아 있었고, 산둥반도의 아래쪽 지점에 있어서 한국과의 거리도 가까웠다.

정상 가격에 '비싸지만 좋은 상품이다'라는 식으로 홍보해봤자 사람들이 관심도 가지지 않을 것 같았다. 청정지역 칭다오를 정말 획기적인 상품으로 만들어보자 해서 원래 항공편으로 칭다오 여행은 399,000원이 정상 가격이었는데, 그동안 사스 때문에 항공사도 굶고 현지 관광산업도 굶은 탓인지 299,000원에 나온 항공상품들이 몇몇 개 있었다. 그런데 페리를 이용하면 조금 더 낮은 가격을 만들 수 있을 것 같았다. 그래서 나에게 질문을 던져 보았다.

"항공보다 10만 원이 싼 199,000원에 칭다오로 페리 여행을 하는 상품이 있다면 흔쾌히 지불하고 다녀올 수 있을까?"

답은 아니었다. 나라면 안 갈 것 같았다. 그렇다면 더욱 매력적인 가격으로 낮추어야 했다. 당시 사스라는 전염병이 세계를 강타하면서 사스 보험이라는 것이 여행자보험과 별도로 있었다. 지금 여행자보험과 별개로 가입해야 하는 코로나 보험이 따로 있듯이 말이다. 거기서 조금 수익을 남기는 것도 괜찮은 아이디어인 것 같았다. 그리고 크루즈 여행 상품은 보통 잠은 크루즈에서 자되, 기항지에 내리면 1인당 50~80불 정도로 관광료가 모두 별도나. 성발 원가도 나오지 않는 마이너스 요금으로 상품을 출시하려면 당연히 반대급부로 보전이 필요할 수밖에 없다. 그래서 합법적으로 기항지 관광료 별도, 보험료 별도, 비자료 별도 등으로 가격을 확 낮췄다. 그렇게 99,000원에 2박 3일 칭다오 페리 상품을 만들었는데, 소위 대박이 터졌다.

내가 처음 이 상품을 기획해 여행사에 갖다 주었더니 아무도 믿지 않았다. 어떻게 이 가격에 관광이 가능하냐는 것이었다. 하지만 나는 충분히 가능하다고 믿었고, 상품에 자신이 있었다. 1군에 속한 여행사들에서는 부실할 것 같다며 기피했다. 아주 불량한 상품처럼 대하는 그들의 태도에 오히려 나는 '그렇게 의심이 되면 팔지 말라'고 쿨하게 대응했다. 분명히 고객들의 만족도가 기대 이상으로 높을 거고 절대 부실한 상품이 아니었기 때문이다. 그때 이름도 없는 이류 여행사들의 문의가 빗발쳤다.

"이거 정말 가능해요? 컴플레인 없이 진짜 여행 갔다 올 수 있는 거죠?"

"만약 사고 생기면 제가 몇 배라도 물러드릴 수 있으니 저를 믿고 한번 팔아보세요!"

이렇게 해서 결국 2군 여행사들이 먼저 팔기 시작했다. 그런데 너무 잘 팔려서 다시 1군 여행사들이 자신들도 팔고 싶으니 좌석 좀 달라고 애원을 했다. 하지만 이미 예약이 풀이었다. 사스 이후로 여행 재개에 대한 조심스러운 분위기 속에서 위동페리와 합작해 단시간에 가장 많이 팔린 상품으로 기록되어 공전의 히트를 쳤다.

대박을
불러오는
히트 상품 개발법

'돈으로 살 수 있는 가장 큰 가치는 무엇일까?'

이 질문에는 각자 다양한 답이 있을 것 같다. 내가 생각하는 돈으로 살 수 있는 가장 큰 가치는 물건이 아니라 바로 경험, '여행'이다. 아무리 좋은 물건이나 비싼 것이라도 가지는 순간에 느끼는 행복감은 일시적이지만, 좋은 여행은 평생의 추억으로 남기 때문이다. 나는 여행으로 많은 사람이 행복함을 경험하길 간절히 원한다. 나에게는 이 비전이 어떤 사명감처럼 항상 머릿속에 박혀 있다. 그래서 어떠한 상품을 기획할 때에도 이러한 사명감이 먼저 발동하곤 한다. 오히려 돈을 벌기 위해서 구상하면 좋은 아이디어가 떠오르지 않는다. 이 기획으로 큰돈을 벌겠다는 마음이 앞서면 그렇지 못할 가능성이 더 크다는 것을 경험으로 알게 되었다. 타인에 대한 섬김, 품질을 우선으로 두면 돈은 알아서 굴러 들어온다. 많은 사람이 열광하는 최고 일류 상품을 만들어 내겠다는 마음이 부자가 되기를 바라는 마음보다 훨씬 강력한 성공의 원동력이다. 지금까지 내가 대박 히트 상품들을 기획하고 성공시키면서 쌓아온 노하우를 하나하나 지면에 풀어보려 한다. 사업을 하거나 뭔가 획기적인 상품을 만들고 싶다면 자신의 사업에 다음과 같은 내용을 하나씩 적용해 보기를 바란다.

니즈가 아닌 원츠의 관점을 가져라

세상에서 가장 개성 넘치는 통찰력으로 시장을 분석하기로 유명한 작가 세스 고딘은 "마케터들이 돈을 버는 이유는 소비자들이 자신에게 필요한 것을 사는 대신 원하는 것을 사기 때문"이라고 말했다. 즉 필요하기 때문에 상품을 구매하지만 필요하다고 해서 아무 상품이나 구매하진 않는다는 말이다. 다시 말해 배가 고프다고 해서 아무거나 먹지 않는 것과 같다. 요즘 사람들은 한 끼를 먹어도 실패하지 않을 맛있는 것, 그냥 대충 때우는 것이 아닌 건강을 생각한 식재료를 고민한다. 게다가 환경까지 고려하는 실정이다.

　이것은 여행 상품을 기획할 때도 똑같이 적용해 볼 수 있는 관점이다. "이 정도 가격에 이런 곳을 여행하는 패키지라면 가볼 만하네"가 아니라 "와! 여기 진짜 이번 생에 한 번 꼭 가보고 싶다!" 이런 열망을 불러일으키는 기획이 필요하다. 가격이 메리트가 있든, 여행의 내용이 획기적이든 말이다. 여행은 가치를 발견하는 경험이다. 단 한 번의 여행으로 인생이 바뀔 수도 있다. 단순히 필요한 여행이 아니라 '이거 아니면 안 돼'라는 간절함을 고객이 느낄 수 있도록 해야 한다.

구매자의 기쁨과 행복을 떠올려라

본질은 여행으로 인한 고객 만족이다. 가장 중요한 것은 상품이나 서비스가 아니라 근본적인 해결책을 제시하려는 마음가짐이다. 형식에 연연하지 않고 창조적인 모습으로 변화하면서 고객을 만족시켜야 한다. 고객은 '드릴'이라는 특정 제품이 아니라 '(벽에) 구멍을 뚫는 도구'를 원하지만 많은 기업이 대개 자신의 제품에 집착한 나머지 솔루션 제공이 아닌 어떤 드릴을 만들지에만 골몰한다. 행복한 여행 제공, 그 본질에 충실하라. 끊임없이 최종 소비자의 요구에 귀를 기울이고 문제의 근본적인 해결책을 제시하고자 노력하라. 그동안 일궈온 기존 방식을 파괴하고 새로운 길을 택할 수 있어야 한다.

지금 당장 마케팅을 공부하라

전 세계적으로 빠르게 급변하는 시장에서 고객의 마음을 사로잡으려면 마케팅을 모르고서는 아무것도 할 수 없다.

디지털 기술도 하루가 다르게 새로이 생겨나고 SNS 역시 마케팅을 위한 하나의 채널로써 그 힘이 강력해지고 있는 세상이다. "나이키의 성공은 뛰어난 품질 때문입니까, 탁월한 마케팅 능력입니까?"라는 한 기자의 질문에 필 나이트는 "우리는 마케팅 회사입니다. 그리고 품질은 가장 중요한 마케팅 수단이죠!"라고 답변한 것처럼 상품이 좋은 것은 기본 중의 기본이며 이제는 상품을 고객에게 알리기 위한 마케팅은 필수요건이 되었다.

회사가 고객에게 전달하고 싶은 가치를 고객의 언어를 통해 그들이 바로 알아차릴 수 있게 하는 것은 현시대의 사업가들이 가장 고민해야 할 숙제다. 우리 회사와 우리가 가진 상품을 필요할 때 바로 떠올리게 할 수 있는 이미지로 각인시키는 것이 중요하다. 나 역시 매일 독서와 사색을 통해 마케팅에 대한 고민을 게을리하지 않으려 노력한다.

시장을 철저히 조사하라

참 아이러니하지만, 여행사의 상품을 기획하면서 현지

시장조사를 생략하는 경우가 생각보다 비일비재하다. 그도 그럴 것이 한 지역에서 가볼 만한 곳, 먹을 만한 음식은 어느 정도 정해져 있고, 하던 대로 하던 관성과 새로운 상품에 대한 홍보의 부담감이 작용하는 까닭이다. 하지만 내가 얼마 전, 동남아를 조사하면서 새롭게 발굴할 수 있는 경험이 무궁무진함을 느꼈다.

나는 현지에 도착하면 현지 사람들에게 "당신이 내게 가장 보여주고 싶고, 가장 괜찮다고 생각하는 것들을 제시해 주십시오"라고 말한다. 그렇게 추천을 받아 실제로 가보면 너무 실망스러울 때가 많다. 30년 이상 이 업계에 종사하며 아름답고 좋은 곳을 80개국이 넘게 돌아다닌 내 눈에는 기대에 차는 곳이 그리 많지 않았다. 또한 나는 현지인이 아닌 한국인의 시각에서 관광지를 살펴보니 "이거 좋지 않아요?"라고 현지 사람들이 추천하는 곳들은 성에 차지 않았다. 사람은 아는 것만 보인다고 자신들의 수준에서 이야기하는 경우가 잦아, 오히려 한국인의 관점에서 그곳들을 다시 살펴봐야 하는 일이 더 많았다.

여행업에 오랫동안 종사한 사람들일수록 오히려 매너리

즘에 빠진 사람들을 종종 본다. 시장조사 없이 잘 알지 못하는 상태에서 고객들에게 "여기 정말 좋아요" 하며 입에 침이 마르도록 설명했던 상품도 직접 본인이 다녀오고 나서는 부끄러워서 판매하지 못하는 사람들도 많이 봤다. 순수한 태도로 새롭게 시장을 바라보는 눈을 키우지 않으면 매번 똑같은 상품을 만들 수밖에 없다. 내가 같은 지역도 뒤집어 보고 직접 발로 뛰는 노력을 게을리하지 않는 이유다.

경쟁력을 확보하라

나는 최고의 상품을 개발하기 위해 항상 새벽에 깨어났고 최선을 다해 돌아다니며 상품을 알렸다. 그리고 고객과의 약속을 그 무엇보다 중요하게 여겨서 철저히 지켜나갔다. 한번 마음먹은 일은 결실을 거둘 때까지 실행하는 끈질긴 인내심과 최고의 상품을 팔겠다는 원칙이 성공을 이루는 단단한 밑거름이 되었다.

어떤 무기를 소지하느냐에 따라 전투력이 달라지듯 이분야에서 성공하려면 나 자신만의 경쟁력이 있어야 한다.

항상 현재 내가 하고 있는 분야와 관련 있는 사람 및 다른 회사를 비교해본다. 상대의 실적이나 지식, 타인의 평가들을 비교해서 내가 우월하다고 판단하면 경쟁력이 있는 것이다. 반드시 이기기 위해서는 경쟁력을 갖추어야 한다. 경쟁력은 어떤 것에 미칠 때 생겨난다. 완전히 몰입하고 미쳐서 그것과 사랑에 빠질 때 비로소 생겨나는 것이다. 내 삶의 중심은 언제나 끊임없는 연구에 있다.

모든 출구는
어딘가로 향하는
입구다

한때 나는 많은 신상품과 신시장 개척으로 우리나라 여행업 랭킹 50위 안의 중대형 여행사들과 B2B 계약 체결을 해서 큰 성과를 만들어왔다. 그리고 보면 우리는 인생을 살면서 여러 다양한 프레임 속에 갇혀 진짜 가치 있는 것들을 발견하지 못하며 사는지도 모르겠다. 그동안 내가 만들었던 여행상품은 어쩌면 그러한 프레임을 깨고 어떠한 한계에 갇히지 않은 채 새로운 관점과 시각으로 접근했기에 '성공'이라는 달콤한 성과를 얻을 수 있었던 것 같다.

나는 생각을 종이 위에 꺼내어 가만히 관찰하는 것을 즐긴다. 업무에 집중이 잘 되지 않거나 고민에 대한 답이 떠오르지 않을 때 '지금 이 순간의 상황'에 대해 전부 글로 적고 머릿속을 비우면서 한 글자 한 글자 읽어본다. 생각을 종이 위에 꺼내 놓으면 프레임을 깨는 연결고리나 단서, 영감을 얻을 수 있다. 지금 머릿속에 있는 생각들을 종이에 적고 한 걸음 뒤로 물러나 '무슨 일이 일어나고 있고, 무엇이 중요한가?'라는 물음을 상기하며 바라본다. 그러면 알게 된다. '중장기적인 목표가 아니라 단기적으로 해야 할 일이 많을 때 초점을 잃어버린다'는 것을 말이다. 지금 당장 신경 써야 할 일이 산더미라면 종이 위에 생각을 모두 꺼내 놓은 다음 이렇게 질문을 던져라.

"이것 중에서 장기적으로 가장 중요한 것은 무엇일까?"

그러면 대부분 지워지고 다시 집중해야 할 것이 무엇인지를 찾아낼 수 있다.

나는 이 멋진 지구에서 가장 흥미진진한 사업을 하고 싶다. 나를 한계에 가두는 프레임을 모두 거두고 리프레임을

짜 창의적인 시선으로 이 사업을 이끌어 가고 싶다. 항상 본질을 잃지 않고, 무엇이 우리가 고객에게 줄 수 있는 메시지인지를 떠올리면 의외로 절망에 빠지지 않고 다시 일어설 수 있는 에너지를 얻는다. 더 나은 창조를 위한 노력을 결코 소홀히 하고 싶지 않다. 나는 늘 사람들이 불가능하다고 했던 일들을 이뤄냈고, 얻을 수 없다고 했던 것을 받았다. 불가능을 뛰어넘는 사람이 되고 있다. 내 눈에는 세상의 무한한 잠재력과 무한한 가능성이 있는 미래가 선명하게 보인다. 사람들의 마음과 감정의 잠재력을 모두 활용해 꿈 같은 세상이 펼쳐지는 것을 상상한다. 나는 어디든 갈 수 있고, 무엇이든 할 수 있으며, 뭐든 충분히 이룰 수 있다.

지금은 여행이 우리를 떠나 있지만, 머지않아 여행객들은 다시금 자신들이 꿈꾸는 그곳으로 떠나게 될 것이다. '코로나 이후 가장 하고 싶은 일이 무엇인가요?'라는 질문에 답은 항상 1위가 '여행'이기 때문이다. 며칠 전에 참 희망적인 뉴스를 접했다. 코로나 사태 이후 첫 정상영업을 강행한 한 여행사에서 1만 원짜리 예약금을 받는 프로모션을 계획했다. 무려 6,000명 가까이 예약자가 몰려들었고, 약

100억 원대의 수탁고를 기록했다. '계란으로 바위 치기가 아니냐, 코로나 시대에 말도 안 되는 발상이다'라는 우려를 뒤로하고 역발상이 멋지게 통한 것이다.

'모든 출구는 어딘가로 향하는 입구'라는 말이 있다. 모두가 위기상황에 몸을 움츠릴 때 오히려 정반대의 경영 전략을 내세운다는 것은 엄청난 용기가 필요하다. 그 용기에 같은 업계에 종사하는 사람으로서 박수를 보낸다. 이러한 행보가 아마 언제 잘려나갈지 불안에 떠는 회사의 직원들에게나 여행하지 못해 우울함이 쌓여가는 국민들에게 조금이나마 활기를 불어넣었기를 바란다.

삶이란 참 경이롭고 멋진 한 편의 여행이다.

매일 성장하는 사람이 되는 법

- 만성이나 타성에 젖지 말고 내일 할 새로운 도전 과제 한 가지 정하기.
- 피할 수 없다면 즐겨라! 다음 주에 어려운 일 한 가지를 즐거운 마음으로, 적극적으로 하기.
- 반드시 달성할 수 있는 목표를 정하고 실행하기.
- 월간 목표를 항상 주간 목표로 분할하여 시도하기.
- 더 잘할 수 있었던 일의 한계를 발견했다면, 반성하고 의욕 다지기.
- 내가 얻을 것보다 내가 줄 수 있는 것을 생각하기.
- 하루를 의미 있게 보내기. 관성처럼 똑같이 사는 것을 경계하기.

이 세상을 해결할 문제투성이가 아닌
하나의 기회로 바라볼 때
놀랄 만한 축복이 일어난다.

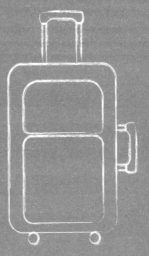

3부

끝까지 하는
사람이 이긴다

OR

순수하고 강렬해야
마음먹은 것을
이룬다

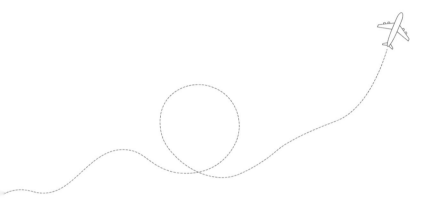

내가 운영하는 여행사 이름은 '순수'다. 내가 이런 이름을 지은 데에는 여러 가지 이유가 있다. 나는 특별한 종교가 없지만, 불교의 가르침에는 "마음이 순수하면 이 세상이 정토이다"라는 말이 있고, 성경에도 "마음이 순수한 자들은 복이 있나니 그들이 하나님을 볼 것이기 때문이요"라는 구절이 있다. 모든 진리는 표현만 다를 뿐 하나로 통한다는 말이 있듯이 순수한 마음으로 살아가면 반드시 신의 도움을 받게 된다는 믿음으로 회사명도 이렇게 지었다.

또 다른 의미에서는 "항상 비즈니스를 함에 있어서 순수하고 겸허한 마음을 갖자"라는 내 개인적인 신조도 포함되어 있다. 내 의지나 하려는 것이 정말 순수한 마음에서 우러난 것인지 늘 스스로 엄격하게 되묻곤 한다. 아름답고 순수한 마음으로 나 자신의 본질을 먼저 살피면 스스로도 그렇고 더불어 주변까지 감동시킬 수 있다고 믿는다. 가장 믿을 수 있는 존재가 나 자신이 될 때 주변 사람은 물론이고, 내가 하려는 모든 일이 풀려나감을 안다. 사람의 의지에는 세상 모든 것을 성취하는 힘이 있고, 그 의지가 얼마나 순수하고 강렬하며 한결같은지에 따라 더 커다란 힘이 된다. 겉으로 보기에 불가능하다거나 해결이 곤란하다고 여겨지는 계획과 목표가 스르륵 실현되는 것을 여러 번 경험했다. 순수하고 아름다운 생각을 놓지 않고 누구에게도 지지 않을 만큼의 노력을 경주할 수 있다면 어떤 어려운 목표도 반드시 실현할 수 있다.

마음이 강해지지 못하면 외부 환경적인 요인에나 부정적인 의견, 제안들에 쉽게 동요되고 만다. 자신만의 확고한 목적의식이 없으면 남의 말에 이리저리 휘둘리게 되는 것이다. 따라서 끊임없이 자신과의 대화를 하면서 정신적으로 흐트러지지 않고 올바른 방향으로 가기 위해 노력한다면 모든 것이 분명하고 올바르게 이루어지게 된다. 새로운 계획을 세웠다면 그것에 온전히 열중해 본다. 마음을 굳게, 강하게 먹고 어떤 난관이 있어도 절대 포기하지 않겠다는 신념을 뿌리부터 마음에 새긴다. 강한 의지로 끝까지 집중해서 해내다 보면 아무리 어려워 보이는 성과라도 분명히 달성할 수 있다. 나 역시 이러한 마음가짐으로 많은 일을 이뤄낸 경험이 있다.

마음에는 또 한 가지의 특징이 있는데, 자신이 스스로 동의하는 생각만 실현된다는 점이다. 무언가 목표를 떠올렸을 때 본인이 먼저 거부감을 느낀다면 올바른 방향이 아닐 확률이 높다. 또 어찌하여 이룬다 하더라도 찜찜함이 남게 된다. 스스로 동의하는 생각과 이상에는 가슴이 뛰고 성취하기도 전에 이미 확신의 마음이 가득 차오르게 된다. 이상은 그냥 막연히 "되었으면 좋겠다"라고 떠올리는 것이 아니다. 그것이 이미 실현되었다는 관점이 중요하다. 오직 결말의 시각에서 생각할 때 자연스럽고 막힘 없이 결과에 도달한다.

나는 수십 년간 여행업에서 비즈니스를 하며 이러한 마음의 특성들을 몸소 겪으며 하나하나 깨달았다. 오직 순수한 마음으로 결과를 믿고 목표를 떠올리는 즉시 실행하면 안 되는 일이 없었다. 순수함은 늘 새로운 아이디어를 가져다주었고, 좋은 사람을 연결해 주었으며, 필요한 순간에 원하는 것들이 내게 다가와 주었다. 마치 신의 손길이 나를 돕고 있다는 강렬한 느낌이 들 정도였다. 반짝이는 수많은 눈이 나를 바라보는 듯한 느낌에 나는 몸서리를 쳤다. 그리고 그 순간, 나의 오늘이 너무도 위대하고 찬란하게 느껴졌다. 희미하게 내 존재가 사라져 감을 거부하고 순간의 연소를 선택했다는 믿음이 별안간 나를 기쁘게 했다. 살아가는 한순간 한순간 어느 누구도, 어떤 경험도 두려워하지 않으며 눈부시고 당당하게 나의 삶을 살아가리라 결심했다. 그리고 이 세상 구석구석까지 날아가 보고 삶의 정상에도 올라보며 항상 꿈과 순수, 낭만을 잃지 말자고 다짐했다. 별이 눈부신 밤, 이 세상 어느 곳엔가 뜬 그 별을 바라보며 나와 똑같은 꿈을 꾸고 있는 누군가가 있을 거라는 생각에 모든 피로와 외로움이 눈 녹듯 사라졌다.

갑작스럽게 코로나가 온 지구를 뒤덮고 있는 이 상황에서도 나는 늘 깨어나 고요한 가운데에 나의 순수성을 향해 한 걸음 다가간다. 반드시 이 역경을 헤쳐나갈 방법이 나타날 것을 믿으면서…. 그렇게 맑은 마음으로 모든 것들을 있는 그대로 받아들이고자 한다.

모든 일에
감사할 줄 아는
사람이 성공한다

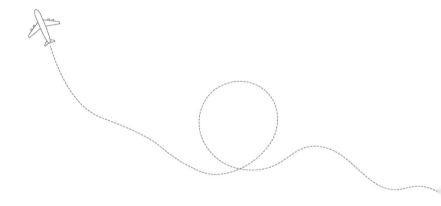

　뒤에서 이야기하겠지만 나는 시간이 날 때마다 책을 손에서 놓지 못하는 애독자다. 아니, 책 읽기를 즐기는 것에서 그치지 않고, 책에서 읽은 좋은 구절들을 여러 사람과 함께 나누고 싶어서 회사 팀장급 직원들에게 아침마다 문자로 메시지를 보내줄 정도다. 어떤 책이든 깊이 있게 읽고 내 것으로 만드는 것을 좋아한다. 아무래도 사업을 하는 데 용기와 지혜를 주는 자기계발 서적을 많이 읽게 되었고, 그것들이 말하는 메시지가 몇 가지로 함축되는 것을 보면서 내 삶에 하나씩 적용해 나가기 시작했다. 그중에 한 가지가 '감사하는 습관'이다.

나는 매일 아침에 일어나면 노트를 펼치고 감사일기를 적는다. '감사'를 시각화하는 순간 뇌가 자동으로 감사할 일들을 찾게 되고 마음속에서는 감사함이라는 감정이 솟아오른다. '감사'를 주제로 하는 많은 책에서 말하듯 나 역시 '모든 일에 감사하는 사람에게는 감사할 만한 일이 점점 더 많이 생겨난다'라는 믿음이 더욱 강해졌다. 어느새 '감사하기'는 긍정적인 낙관주의로 나를 이끌어주었다. 원하는 것, 꿈꿔왔던 일, 생각만 해도 미소가 지어지고 가슴이 뛰는 목표가 있다면 그 생각을 매일 종이 위에 옮기고 눈에 잘 띄는 곳에 붙여두길 바란다. 그렇게 하고 나면 내 삶의 구체적인 실체를 점점 알아보고 경험할 수 있게 된다. 무엇이 행복이고, 무엇이 성공이며, 무엇이 인생에서 소중한 것인지를 나는 이제 쉽고 명확하게 알아볼 수 있게 되었기에 절대로 놓치지 않을 자신이 있다.

일상에서 감사할 일이 얼마나 많은지는 실제로 감사하기

를 실천해 보면 알 수 있다. 정말 놀랄 정도로 많다. 내 주변에 있는 사람들에게 감사함을 느끼게 되는 것은 말할 것도 없고, 여간해서는 스트레스를 받는 일도 없다. 나와 인간관계를 맺은 사람들은 내 영혼에 꽃이 필 수 있도록 가꿔주는 정원사와 같다는 것을 알게 된다. 잠도 잘 자고 아침에 일어나는 것이 즐거워진다. 매 순간에 행복감도 커진다. 이것은 내가 얻은 인생의 가장 큰 수확이나 마찬가지다. 내가 아침에 일어나 맑은 정신으로 썼던 감사일기 중에 한 편을 공개한다. 종교는 없지만 신이 계신다면 그분께 정말 감사하다는 진심을 담아 썼던 감사일기다.

하느님, 정말 진심과 온 마음을 다해 감사드립니다.

제 인생 전반 모든 곳에 늘 함께해 주시고 사랑으로 보살펴 주셔서 감사합니다. 일본 도쿄 유학시절, 청춘의 꽃을 피운 부분과 하와이에서의 자유로운 생활 등 하느님의 많은 배려와 제게 주신 모든 사랑을 느끼고 있습니다. 지금까지 저와 모든 곳에 함께해 주신 것처럼 앞으로 저의 축복스러운 밝은 미래에도 더욱 큰 사랑으로 함께해 주시길 간절히

바랍니다.

하느님이 주신 큰 사랑으로 사이판, 뉴욕, 치앙마이 등 전 세계에서 큰 행복과 기쁨의 순간을 누렸습니다. 하느님의 따뜻한 보살핌에 깊은 감사를 드리며 하느님의 축복 속에 많은 사람과 큰 사랑을 나누며 행복하고 특별한 인생을 살아가겠습니다. 정말 감사합니다.

행복은 마음먹기에 달려 있다. 행복은 목적지가 아니라 여행길이다. 지금 당장 행복해지기로 마음먹어라. 진정한 행복은 세상에 관심을 가지는 데에서 온다. 활동적인 삶을 살고, 좋아하는 일에 빠지고, 작은 일에도 감사를 느끼며 진심으로 다른 사람에게 관심을 가지면 된다. 의식적으로 매일매일 모든 일에 감사하는 마음을 가져보자. 우리는 마음먹은 만큼 행복해진다. 지속적으로 긍정적인 말과 감사의 태도를 가지면 나를 만나는 누구나 기분이 좋아지고, 그로 인해 내 기분까지 덩달아 좋아진다. 오히려 내가 감사를 나누며 혜택을 보는 쪽이 된다. 그래서 감사는 받는 것보다 주는 것이 훨씬 좋다. 하루에 적어도 한 번은 꼭 감사함을 느끼는 이유를 찾아보는 습관을 가져보자. 그러면 골치 아픈 문제에서도 긍정적인 면에 초점을 맞추게 되고, 나를 괴롭히는 상대에게서도 고마운 점을 발견하게 된다. 먼저 감사하기 시작하면 자연스럽게 세상도, 상대방도 나에게 감사하게 될 것이다.

이처럼 모든 것에 감사할 줄 아는 시각이 있으면 그 사람은 무조건 성공한다. 매일 누구에게나 주어지는 하루를 평범하게 살지 않고, 환상적으로 특별하게 바꾸는 비법은 바로 '감사하기'에 있다. 각자에게 주어진 소중한 인생을 보다 의미 있고 가치 있으며 훌륭하게 살기 위해, 또 어제보다 더 나아진 오늘을 위해 우리가 지금 당장 실천해야 할 가장 쉬운 방법이 '감사하기'이다. 감사를 통해 스스로의 내면과 외면을 깊이 성찰하고 멋지게 가꾸어 최고의 삶을 살아가자. 매일 선물 같은 하루를 맞이하게 될 것이다.

리더가
독서를 해야 하는
이유

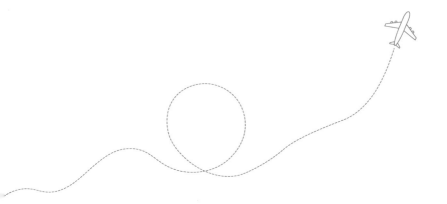

책은 생각을 하기 위한 도구이다. 그러므로 좋은 책은 좋은 생각을 이끄는 데 반드시 필요하다. 전 세계적으로 촉망받는 글로벌 리더들이 책 읽기를 즐기는 데에는 그만한 이유가 있다. 리더들은 책을 통해 아이디어를 얻고, 인생과 경영, 정치, 경제에 대한 인사이트를 얻는다. 단순히 지식을 습득하는 데에서 그치지 않고 내용을 이해하면서 그것을 자신의 것으로 만드는 능력이 탁월하다.

나폴레옹은 전쟁터의 말 위 앉아서도 책을 읽을 정도로 독서광이었다고 한다. 전 세계의 리더들이 위기 상황에서 더욱 책을 가까이하고 지혜와 통찰을 발견하고자 하는 것과 비슷하다. 나폴레옹이 영웅으로 역사에 기록될 수 있었던 것은 단순히 전쟁에서 승리한 경험 때문만이 아니다. 자국의 예술을 세계적인 수준으로 끌어올린 베토벤이나 괴테 등의 예술가들과도 격의 없이 대화를 이어나갈 수 있는 뛰어난 학식과 교양이 있었기 때문이다.

나 역시 시간이 생길 때마다 여러 분야의 책을 읽는다. 내 상황에 맞고 공감할 수 있는 책 한 권을 만나면 세상을 다 가진 것처럼 독서하는 그 순간이 행복하다. 독서는 내가 발견한 가장 확실하게 이기는 습관이다. 책을 읽으면 왠지 마음의 묵은 때가 조금씩 지워지는 느낌이다. 어떤 것에 집중해야 하는지를 잠시 잊고 있다가도 다시 알아차리게 된다. 성장하며 발전하기를 원한다면 반드시 책을 읽어야 한다. 특히 리더의 위치에 있다면 더 말할 것도 없다.

나는 책을 읽을 때 좋은 내용을 발췌해 자료로 만들어두는 습관이 있다. 주로 직접 노트에 필사하는 방법을 애용한다. 책을 읽으면서 놓친 부분을 노트에 한 문장씩 전부 옮겨 적는다. 책의 문장을 옮겨 적으면서 그 부분에 대한 내 생각을 다른 색의 펜으로 함께 적어둔다. 책의 내용을 노트에 직접 적으면 시간이 많이 소요된다. 책 한 권을 정리하는 데 읽는 시간보다 훨씬 더 걸린 경우도 많다. 하지만 책 내용을 내 것으로 소화하는 데는 이렇게 직접 필사하는 방법이 가장 효과가 좋았다. 책의 내용을 노트에 적을 때는 모든 부분을 적을 수 없기 때문에 아무래도 어느 부분을 기억할지 고르게 된다. 즉 책의 내용을 한 번 더 편집하는 과정인 셈이다. 이 과정을 거치면서 몇 번씩이나 더 읽게 되므로 뇌에 무엇이 중요한지 각인된다. 그리고 문장을 옮겨 적으며 다시 한번 복습하게 된다. 무엇이든 좀 더 고생하면서 한 일이 결과를 만든다고 믿는다. 책의 내용을 제대로 소화하고 싶다면 책을 직접 손으로 노트에 옮겨 써보는 것을 추천한다. 책의 중요한 부분과 그에 대한 자신의 생각을 노트에 적어놓으면 필요할 때마다 도움을 주는 최고의 자료가 된다.

나는 늘 인생에서 중요한 것만 남기고 싶다는 생각을 한다. 내게 중요한 가치를 우선순위에 두고 불필요한 것들을 과감하게 포기하는 삶의 방식을 추구한다. 쓸데없는 것들에 너무 많은 시간을 낭비하고 싶지 않다. 서재를 내가 좋아하는 공간으로 꾸미고, 홍차 한잔으로 마음의 평안을 느끼며 내면의 진짜 목소리에 집중하는 시간을 즐긴다. 마음속의 잡동사니를 덜어내기 위한 가장 좋은 방법은 책을 읽는 것이다. 편안하고 고요한 마음으로 한 권의 책 속에 빠져들면 내게 꼭 맞는 삶을 찾겠다는 나의 신념이 더욱 확고해지고, 날이 갈수록 모든 면에서 점점 나아지고 있음을 깨닫게 된다. 남과 비교하지 않고 나 스스로 행복해지는 것, 소중한 사람만 만나기에도 인생은 비교적 짧다는 것을 알아채게 된다. 그렇게 나는 오늘도 독서를 통해 인생에서 중요한 것과 포기해야 할 것을 구분할 수 있는 지혜를 배워 나간다.

언젠가 마윈에 대한 책을 읽다가 '마윈의 생존철학'이라는 귀중한 대목을 메모한 적이 있다. 이 책을 읽는 독자와 나의 메모를 공유해본다.

'자신의 이익보다 사업 파트너의 이익을 먼저 챙겨라. 얻고자 한다면 먼저 내놓아야 한다. 원하는 것을 얻기 위해서는 잠시 동안 무언가를 포기해야 한다. 돈을 벌고 싶다면 먼

저 다른 사람의 돈을 벌 수 있도록 도와라.'

나는 이 책을 읽고 단순히 메모한 것뿐만 아니라 내 사업에도 적용했다. 고객들이 먼저 돈을 벌도록 한 다음에 내 몫의 이득을 챙겼고, 무료로 유료보다 더 나은 서비스와 더 높은 가치를 제공했다. 이렇듯 독서는 나 자신의 발전과 더불어 내 사업에도 많은 영감을 주었다.

점점 책을 읽지 않는 사회가 되어 간다. 늘 읽던 사람들만 여전히 책을 읽는 환경이 되어버렸다. 책보다 재미있는 것들이 넘쳐나는 세상이지만, 리더의 자리에 있거나 스스로 좀 더 성장을 원하는 사람들은 반드시 책을 가까이해야 한다고 생각한다. 타인의 관점, 타인의 사고를 2만 원 안팎의 비용으로 마음껏 들여다볼 수 있다. 이 얼마나 매력적인가. 단편적인 지식이 아니라 통찰과 지혜를 얻고자 하는 마음으로 대하면 항상 책 한 권의 비용보다 훨씬 값진 것들을 얻게 되는 것 같다. 창의성이나 아이디어도 백지에서 불현듯 나타나는 것이 아니다. 다양한 경로로 얻은 지식과 정보를 내 머릿속에서 정리하고 재조합하면서 떠오르는 것이다.

경험에 쓰는
시간과 돈은
무엇보다 소중하다

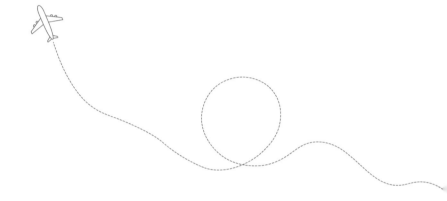

멋진 곳에서 시간을 보내고 근사한 경험을 하는 데에 더 많은 돈과 시간을 써야 한다. 나는 특히 경험에 쓰이는 돈이나 시간은 절대 아끼지 않는다는 철칙을 가지고 있다. 이것이 나를 성장하고 발전시킨다는 것을 알고 있기 때문이다. 나는 소유하는 것보다는 경험하는 쪽을 절대적으로 더 좋아하는 것 같다. 『굿 라이프』라는 책에서도 '소유'보다는 '경험'을 사는 사람이 더 행복하다는 말이 나온다. 소유를 하더라도 그 소유가 주는 경험을 얻으려는 사람이 더 행복하다는 것이다. 내가 지금껏 인생에서 가장 잘한 투자를 꼽으라면 뉴욕에서 백수로 살면서 몇 년간 저축한 돈을 몽땅 써버린 것이다. 그 덕분에 나는 1년 동안 인생에서 가장 자유로운 행복과 큰 성장을 이룰 수 있었다. 그래서 나는 무엇보다 '경험'해볼 것을 진중하게 권한다.

요즘 책, 꽃, 술, 양말, 액세서리 등 집 안에 편안하게 앉아 매주 혹은 매달 새로운 물건을 받아보는 구독 서비스가 인기다. 예전에 신문이나 우유를 정기적으로 배달받던 것과 비교해보면 요즘은 '구독시대'라 불러도 될 만큼 정말 다양한 아이템을 정기적으로 받아볼 수 있다. 더 나아가 옷과 가구까지 구독이 되는 세상이라고 하니 여행도 구독이 되면 얼마나 좋을까 하는 생각이 들 정도이다. 아마도 이러한 구독 서비스가 인기를 끌게 된 데에는 코로나로 인한 집콕 문화가 한몫을 한 듯하다. 바깥으로 나갈 수가 없으니 새로운 경험을 하기가 어렵기 때문에 정기 배송 박스 안에 담긴 새로운 소유의 경험을 기다리는 것이다.

나는 세상에서 무엇보다 가장 행복한 경험이 바로 '여행'

이라고 생각한다. 시기가 시기인지라 지금은 모두가 여행을 자제하는 분위기이지만, 뉴스에서 조금만 긍정적인 소식이 들려오면 여행사 주가가 바로 치솟는 것을 보면 알 수 있다. 모두 참고 있는 것이지, 여행에 대한 갈망은 누구에게든 커다랗게 내재되어 있다는 것을 말이다. 코로나 상황이 나아져서 다시 자유로운 여행이 가능해지면 폭발적으로 수요가 늘어날 분야가 바로 '여행산업'이다.

내가 생각하는 행복한 삶이란 자주 여행하는 삶이다. 전 세계에 잘 알려지지 않은 곳을 찾아다니며 상품을 개발하고, 그곳에 처음 발을 디디게 될 여행객들의 설레는 표정을 상상하며 무엇을 즐길 수 있는지, 무엇을 먹을 수 있는지 등을 조사하며 행복을 느끼곤 했다. 지금 이 글을 쓰고 있는 순간에도 나는 한국을 떠나 지중해의 어느 작은 나라에서 세 달 동안 머물며 다시 돌아올 여행객을 위해 '경험'이라는 공부를 하고 있다. 바뀌어야 할 여행의 트렌드를 구상하고 만들어가는 과정에 있다. 아마 코로나가 아니었다면 내가 이곳에 와볼 기회는 없었을 것이다.

제주의 1/5 정도 크기의 유럽의 작은 섬나라이고 한국에 많이 알려지지 않은 곳이지만, 몇몇의 한국인과 대화해 보니 알음알음 아는 사람이 있는 지역이다. 유럽에서 유일하게 영어를 사용하는 곳이어서인지 어학연수를 하기 위해 오는 학생들이 많다. 나도 3개월간 지내면서 오전에는 영어공부를 하고 있다. 랭귀지스쿨 같은 반에 프랑스인, 터키인, 독일인, 이태리인들이 함께 수업을 듣는다. 물가가 행복할 만큼 싸지만 수도를 비롯한 이곳저곳에 로맨틱한 건물이 많고 참 아름답다. 맛집이 모여 있는 동네, 북쪽은 에메랄드빛 지중해 위에서 페리를 즐길 수 있고, 남쪽에는 소담한 해변도 있다. 면적은 작지만 한국인이 좋아할 만한 요소가 가득하다. 여행은 계획하는 단계에서부터 행복이 극대화된다. 장소, 일정, 숙소, 볼거리, 먹을거리 등을 찾고 기획하는 일을 통해 자율성, 유능감, 관계의 유대감이 충족되기 시작한다. 낯선 곳에서의 경험은 늘 우리를 흥분시키고 평생 잊지 못할 기억으로 새겨진다. 지금 이곳에 머물며 빨리 이곳을 한국에 알리고 싶고, 많은 사람에게 이 좋은 곳을 경험하게 해주고 싶다.

하지만 애석하게도 내가 머물고 나온 후, 이곳은 락다운 되었고 한국에서는 지금까지 코로나가 확산되고 있다. 그곳에 있는 호텔과 최선을 다해 비즈니스 딜을 했고, 이곳을 소개하는 여행사가 한국에는 없기 때문에 또 하나의 최초 상품이 되겠지만 지금은 때가 아니라 마음속으로만 카드를 만지작거리고 있다. 아마 한국인으로서는 가장 좋은 조건을 받았을 것이다. 귀국하자마자 소개하지 못해 아쉽지만 머지않은 시기에 그들과 한 약속을 반드시 지키고, 이곳을 소개할 수 있는 타이밍이 오길 기대한다.

사랑하는 마음은
모든 것을
연결한다

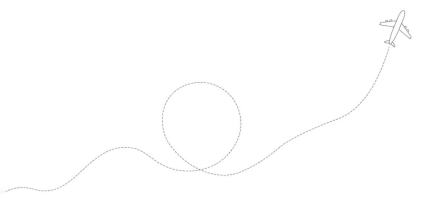

　나는 이 세상의 무엇이든 우리가 원하는 것은 사랑하는 마음과 관련되어 있다고 생각한다. 남녀 간의 사랑을 의미하는 것이 아니라 아름다움, 선함, 배려 등의 마음을 '사랑'이라고 표현한 것이다. 건강한 마음과 건강한 신체를 누림으로써 우리는 '사랑'을 느끼려 하고, 또 건강한 마음과 몸이 바탕이 되면 사랑하는 마음이 저절로 솟아난다. 사람은 누구나 상대방으로부터 사랑을 받으려 하는 마음을 가지고 있다. 인정받고 싶은 마음, 관심받고 싶은 마음, 동의를 얻고 싶은 마음 모두 다른 형태의 사랑을 받고 싶어 하는 욕구이다. 특별한 이유 없이 누군가를 도와주고 싶은 마음, 내가 손해를 보더라도 상대에게 더 좋은 것을 주고 싶은 마음역시 사랑이다. '사랑'이라는 단어가 어색하다면 '아끼는 마음' 정도라고 봐도 무방하다.

나는 사업적으로도 이 '사랑'의 마음이 필요하다고 생각한다. 무슨 말이냐면 자신의 일에 흠뻑 빠져 몰입하고 집중하면 그 일을 사랑하는 것과 같아진다. 이 사랑의 힘이 없으면 일의 과정 중에서 겪게 되는 어려움이나 좌절을 온전히 극복해내기가 어렵다. 남녀 간에도 사랑의 마음이 밑바탕에 깔려있어야 싸우더라도 다시 화해하고 잘 지낼 수 있는 것처럼 일에서도 마찬가지다. 나는 30여 년 동안 여행업에 종사하며 자신의 일에 사랑을 느끼지 못하는 사람들을 적잖이 봐왔다. 업종 특성상 '해외 여행'이라는 화려한 면만을 보고 시작하려는 사람들이 많다. 어떤 직업이나 비슷하겠지만 허상이나 환상을 좇아 선택하더라도 실제 일을 하다 보면 생각지 못한 문제나 어려움, 스트레스에 직면하게 된다. 상품개발이나 해외에 나가는 일도 있고, 오히려 다른 사람의 여행이 즐거울 수 있도록 뒤에서 묵묵히 받쳐주는 서포터의 역할을 해야 할 때가 더 많다. 하나의 상품이 기획되고 완성되어 고객들에게 판매할 때도 그렇고 판매가 이뤄진 후에도 무사히 만족하고 돌아올 때까지의 과정에서 성가신 일들이 참 많다. 떠나는 공항에서부터 현지에서의 숙소, 식사, 관광지 등 다른 사람을 케어해야 하는 부분에 있어서 다른 직업보다 더 많은 세심함이 요구되기도 한다. 전혀 그런 부분과 성격적으로 맞지 않음에도 불구하고 자신이 하고 싶은 좋은 것만 취하려고 이 업계에 발을 들여놓는 사람들이 생각보다 많아서 우려가 된다. 남보다 능력이 뛰어난 인재들도 서비스 정신을 감내하는 것이 어려워 오래 버티는 사람이 드물다. 자신의 일에 사랑을 느끼지 못하고 아니 오히려 사랑 자체가 없는 경우가 더 많다. 사랑이라는 것은 불편함, 안 좋은 면까지도 감수하고 떠안을 수 있는 마음이다. 좋은 것만 받고 싶고 불편한 것을 피하는 것은 완전한 사랑이라 할 수 없을 것이다. 직업 역시도 완전한 사랑을 이루지 못하면 자연히 좋은 결과를 내기가 어려워진다. 일에 대해 하나하나 어루만지고 자신의 일과 사랑에 빠져 보라. 사랑하기 때문에 그 일이 좋아지고, 좋아지면 어떤 문제든 해결하며, 어떤 어려움이라도 버틸 수 있는 힘이 생긴다. 한 번쯤은 자신의 모든 걸 바쳐서 독보적이고 아름다운 미친 사랑에 빠져라!

한때 '자존감'이라는 단어가 여기저기서 들려오던 때가 있었다. 자신을 있는 그대로 존중하는 마음이 자존감인데, 내가 누군가에게 사랑을 나눌 수 있으려면 나 자신을 먼저 아끼는 사랑의 마음이 가득해야 한다. 자신감과 자존감은 약간 다를 수 있으나 나는 자존감이 떨어진다는 느낌이 들 때마다 거울 속의 내 눈을 바라보며 "나는 대단하다!"라는 말을 100번 외친다. 그렇게 100번을 나에게 말해주고 나면 몸과 마음에서 나오는 에너지가 긍정적으로 바뀌어 있음을 느끼곤 했다.

'코로나 블루'로 인해 많은 사람이 우울감에 빠져 있다. 그럴 때일수록 시간을 내어 조용히 자리에 앉아 보자. 집중하여 내면에 깃든 생명의 에너지를 느껴보자. 내면의 존재에 집중하면 그 존재가 드러난다. 그 존재라는 것은 바로 나의 완전한 참모습이다. 그 존재에 집중하고 느끼며 사랑을 보내면 비로소 온전한 나를 찾게 되고 내가 화답함을 알 수 있다. 모든 것은 '나'로부터 비롯됨을 알아야 한다. 각자가 원하는 소망을 이루는 가장 쉬운 방법은 내가 원하는 그 것이 절대적인 사실이라 믿고 확실한 사랑을 보내주는 것이다.

원하는 것을
이루는
유일한 성공 법칙

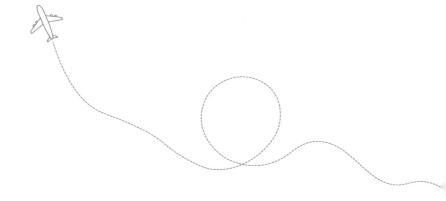

나는 매일 아침 명상을 하며 다짐하는 것이 있다. '오늘 하루도 강한 의지를 품고 매 순간 아름답게 행동하자'라는 것이다. 여기에 덧붙여 매일 상상하는 몇 가지의 장면들이 있다.

'나는 가격표를 보지 않고 마음에 드는 것을 모두 구매할 수 있다.'

'나는 언제든 내가 원할 때 원하는 곳으로 원하는 사람과 여행을 떠날 수 있다.'

'우리 회사는 세계 최고의 여행사가 된다.'

'은퇴 후에는 지중해의 아름다운 섬에서 자유롭게 살아 간다.'

내가 바라는 장면들을 떠올리면 포기하고 싶어도 포기할 수가 없다. 찬란하게 펼쳐질 미래를 위해서 지금 당장 일어 나 움직일 수밖에 없다. 현재는 힘들어도 남은 인생은 특별 해지리라 굳게 믿는다. 찬란한 하루가 주는 축복을 오롯이 느끼며 내가 경험하는 모든 것들에 대해 진심으로 감사함 을 느낀다. 잠자기 전에 나는 항상 내가 원하는 것을 떠올리 며 잠자리에 들고, 아침에 일어나자마자 가장 먼저 내가 간 절히 원하는 것을 생각하곤 한다. 여유롭고 편안한 방식으 로 성공을 얻으며 건강하고 긍정적인 방식으로 성공을 이 루고 싶다.

아무것도 하지 않는데 찾아오는 커다란 부귀영화를 바 라는 것이 아니다. 나는 늘 '내가 할 수 있는 모든 것을 해보자'라는 마음으로 일한다. 할 수 있는데도 미루거나 포기하는 것은 잘못된 것이다. 직접 부딪히기 전까지는 내 안에 어떤 능력이 있는지 알 수 없다. 작은 일에는 패하더라도 큰일에는 승리하는 사람이 진정 힘이 센 것이다. 남을 이기는 것보다 스스로의 한계를 뛰어넘는 사람이 더욱 지혜롭다고 믿는다.

'생활의 달인'이나 '서민갑부'와 같은 교양 프로그램에 등장하는 사람들을 보며 한 가지 깨달은 것이 있다면, 그들은 늘 최고가 되기 위해 최선의 방법을 연구하며 고객을 감동시킬 수 있는 지점을 발견해나가는 노력을 게을리하지 않는다는 것이다. 많은 식당이 아직도 그저 평범한 메뉴와 무난한 서비스를 제공하면서 손님이 찾아오기만을 기다린다. 그러나 TV 속에 등장하는 사람들은 매일 똑같이 관성대로, 되는 대로 사는 것이 아니라 '어떻게 하면 어제보다 더 발전할 수 있을까, 지금보다 더 효율적이고 좋은 방법은 없을까'를 끊임없이 고민하며 개선해 나가는 열정이 있다. 대부분의 사람이 낭비하는 시간 동안 그들은 앞서나갈 준비를 하고 있는 셈이다. 모든 일은 노력하면 할수록 성공에 가까워진다. 내가 매일같이 다짐하며 상상하는 것, 가게를 운영하는 사장들이 매일 좀 더 나은 운영방식을 고민하는 것 모두 부지런함이 뒷받침되지 않으면 절대 지속할 수 없다. 다른 사람과의 경쟁에서 뒤처지지 않도록 똑똑하게, 열심히 노력하는 수밖에 없다.

근면한 자세는 재능이나 똑똑함을 이긴다. 또한 근면이 몸에 배어 있으면 아무리 최악의 순간이 다가와도 공포에 쉽게 사로잡히지 않는다. 요즘처럼 온 경제가 코로나의 직격탄으로 휘청일 때에도 될 사람은 되고, 될 가게는 문전성시를 이룬다. 오히려 더 잘되는 곳들도 많다. 주변 환경이 악화되기 시작하면 누구나 공포감에 빠지기 쉽다. 위기의 심연에 이르면 공포에 사로잡혀서 그 어떤 경기 회복의 신호도 감지하지 못한 채 기회를 놓치게 된다. 기회는 항상 위기와 함께 찾아온다. 그러나 공포에 굴복하면 결코 그 기회를 볼 수도, 잡을 수도 없다. 한 예를 들어서, 사람들은 주식 가격이 오른 다음에야 관심을 갖기 마련이다. 하지만 최고의 투자 기회는 남들이 모두 포기하거나 절망한 최악의 순간에 있다는 것을 고수들은 이미 알고 있다. 그러니 열정으로 모든 것을 뛰어넘어야 하는 것이다.

목표가 확실하다면 아무리 거친 길이 펼쳐지더라도 뚜벅뚜벅 걸어나갈 수 있다. 스스로 가슴이 뛰고, 무언가를 이뤄내는 것이 이번 생의 목적이라면 원하는 것을 이루는 유일한 법칙은 바로 '근면'이다. 무작정 열심히 하는 것보다 더 강력한 방법이 있다. 미래에 이뤄내고픈 소망에 대해 '난 이미 이뤘다! 내가 원하는 걸 얻었다!'라고 먼저 선언하는 것이다. 틀림없이 이룰 수 있다는 확고부동한 자기 선언이 반복되면 꿈은 더 빨리 확실하게 실현된다. 마음이 끌리는 일이 생기면 무엇이든 바로 시작하자.

나는 오늘
성장하지 못하는 게
두렵다

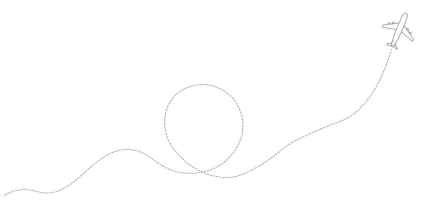

실패하는 것은 전혀 두렵지 않다. 다만, 오늘 내가 어제보다 성장하지 못했다는 사실이 두려울 뿐이다. 비전은 크게 갖되 거기에 이르는 한 걸음 한 걸음은 작은 보폭이어도 상관없다. 내가 운영하는 '순수'는 멋진 여행을 만들어서 고객의 기쁨과 행복을 실현한다는 큰 포부를 가진 회사다. 내가 가진 큰 그림은 고객들이 만족하는 좋은 여행상품을 만들어서 인류 사회에 이바지하는 것이다. 뚜렷한 목표나 개인의 이익을 위해서라면 차라리 지금 당장 혼자만의 방으로 들어가는 편이 더 나을 수 있다. 그러나 나는 최소 10년 후, 내가 어떤 모습으로 존재할 것인지를 매일 그린다. 삶의 마지막 순간에 "내가 원했던 삶은 이런 게 아니었어…." 하고 후회하기 싫다. 그래서 원하는 삶의 모습을 적극적으로 그리며 살고 있다.

고민이 생기거나 불안함이 몰려올 때도 '내가 지금 고민하는 문제가 나의 목표와 얼마나 연관되는지'를 깊게 들여다본다. 인생을 한 발짝 떨어져서 조금 더 멀리, 넓게 바라보는 것이다. 특히 경영자나 리더들은 시야가 좁아지는 것을 극도로 경계해야 한다. 주위에 더 많은 사람과 협력하기 위해서는 먼저 여러 사람의 목표가 달성될 수 있도록 돕는 사람이 되어야 한다. 가장 가깝게는 내 회사에서 함께하는 인재들을 성장시키는 것이 1순위라 할 수 있다. 일본에서 가장 존경받는 3대 기업인으로 꼽히는 이나모리 가즈오는 자신의 책에서 이렇게 말했다.

"우선 자신보다 먼저 직원들을 잘되게 하겠다는 마음이 중요하다. 그렇게 직원의 마음을 소중히 여긴다면 훌륭한 사장에게 직원들이 감동하고 절로 당신을 따를 것이다. 어느 날은 결의에 찬 직원이 '이 회사에서 끝까지 열심히 일하겠다'고 말하다가도 돈과 조건을 좇아 그만두는 일이 생기더라도 직원을 믿어야 한다. 작은 회사는 자금뿐만 아니라 기술도 없기에 의지할 것은 그곳에 모여든 사람밖에 없다. 따라서 그런 직원들이 사장을 따를 수 있도록 하는 것이 최우선이다. 가능한 범위 내에서 직원을 소중히 여김을 표현하고 그곳에서 성장하여 핵심인재로 자리 잡을 수 있도록 교육하고 훈련하여 성장시켜야 한다."

절대 공감하는 바다. 기업을 운영하면서 나 홀로 성장해서는 회사의 발전이 더디다는 것을 몸소 경험했다. 직원이 진정으로 원하는 것이 무엇이고, 무엇으로 행복해하고 기뻐할까를 생각하여 그것을 해줄 수 있도록 노력해왔다. 회사의 환경적인 부분, 교육과 보상 등 항상 현재보다 더 나은 발전적이고 창조적인 방향을 연구하고 적극 실행하려 했다. 회사에 큰 수익이 발생했을 때에도 가능하면 그것을 열심히 일한 직원들에게 나누려 애썼다. 내가 이들에게 무엇을 줄 수 있을까를 생각한다. 남들이 내게 무엇을 해줄지 지켜보는 것이 아니라 내가 남을 위해 무엇을 할 수 있는가를 생각하고 행동한다. 상대의 필요성과는 무관하게 나의 목적만을 생각하며 그것을 강요하고 주입시키는 것은 결국 상대의 거부감을 유발하는 법이기 때문이다.

지금은 단단하게 자리 잡은 대기업들도 처음부터 대기업은 아니었다. 미약하게 시작하여 창립 멤버들이 치열하게 수고하여 함께 성장을 만들어 낸 것이다. 먹고살 정도의 평범함이 아닌 특별해지고자 하는 열정과 담대함으로 미래의 비전을 같이 세워나간 것이다. 나는 나의 성장 못지않게 회사 구성원이 성장하지 못하는 것도 두렵다. 결국 함께 만들어가야 할 회사이기에 구성원이 성장하지 못하면 늘 제자리걸음이거나 오히려 도태되기 때문이다. 사업은 현상 유지만으로는 발전할 수 없다. 호수 위에 뜬 우아한 백조가 물속에서는 끊임없이 헤엄쳐야 하는 것처럼, 현상 유지를 하기 위해서는 오히려 더 많이 고민하고 움직여야 한다.

여행사 취업을
희망하는
후배들에게

　내가 한동안 하와이에서 사업을 할 때 한국에 계시는 분들이 항상 부러워했다. 매일 아름다운 와이키키 해변에서 사색하며 칵테일을 즐기니 얼마나 행복하겠느냐는 것이었다. 하지만 정작 나는 여기가 아닌 다른 곳으로 가서 쉬고 싶다는 생각이 간절했다. 이곳만 아니면 어디든 좋을 것 같았다. 사람들이 생각하는 것처럼 여행업은 정말 매력이 많은 분야다. 남들이 안 가본 지역에 가장 먼저 가본다든가,

다른 사람들에게 '여행'이라는 행복을 선사하며 가장 좋은 것을 내어주는 직업이다. 웬만해서는 여행을 싫어하는 사람도 없다. 그러나 동전에 양면이 있듯 모든 것에는 얻으면 포기해야 하는 것들이 있고, 좋은 게 있으면 덜 좋은 부분도 있기 마련이다.

그래도 다행인 것은 인재 모집을 했을 때 지원자가 많은 산업군이라는 점이다. 아마 겉으로 보여지는 부분에서 매력이 느껴지기 때문일 것이다. '여행'이라는 단어를 떠올리면 안 좋은 것보다 좋은 이미지가 더 많다. 게다가 아직은 아쉽게도 같은 학교와 같은 학과를 나오고 스펙이 비슷한 인재들이 여러 회사에 지원한다고 가정했을 때 유통이나 무역 분야보다는 연봉이 상대적으로 적은 편임에도 '여행'이 주는 긍정적인 이미지 덕분에 입사 지원자가 많은 축에 속한다. 그만큼 다른 업종에 비해 지원자들의 호감도가 높다. 역으로 그렇기 때문에 금방 자신이 원하는 일들을 하지 못하면 다른 분야로 옮겨가는 이직률도 높은 편이다.

단언컨대 본인이 여행을 가는 직업이 아니다. 다른 사람들의 여행을 행복하게 즐기도록 도와주는 직업이다. 남들이 다 아는 지역이라도 여행지를 추천하기 위해서는 정말 많이 알고 공부해야 한다. '여행사에서 일하면 항상 여유롭게 여행 다니고 좋겠네' 하는 시선으로 일을 접하면 감당해야 할 의무감이나 책임감이 주어졌을 때 그것을 견뎌내기가 어렵다. 아무리 좋아하는 거라도 그것이 일이 되었을 때는 당연히 문제가 생기고 그 어려움까지도 미리 감수할 수 있는 마음의 준비가 필요하다. 사원이 입사하면 처음부터 해외에 나가 상품 개발을 위한 시장조사를 할 수 있는 게 아니다. 어느 회사나 그렇겠지만, 처음에는 서류상으로 처리해야 할 업무나 고객 응대하는 법 등 재미없는 일부터 먼저 배운다. 그리고 그 일을 잘 수행해 내고 회사의 검증이 끝나면 해외도 갔다 올 수 있는 기회가 생기고, 그걸 또 잘해내면 직접 현지 거래처들과 협상도 할 수 있게 된다. 물론 회사의 오너가 가진 생각과 운영 방향 등에 따라 이 과정이 다를 수는 있다.

초반에는 적응할 시간도 필요하고 어렵지만, 갈수록 편해지는 게 여행업의 특성이다. 어려운 일이 있더라도 이겨나갈 수 있는 진지함을 갖추었으면 좋겠다는 생각이 든다.

그리고 그러한 확신이 있을 때 지원을 했으면 좋겠다. 입사 후 2년을 버티지 못하고 나가는 인재들이 많은데 또 2년을 버티고 나면 관성으로 가기도 한다. 여행업 경력이 5년, 10년 된 직원들 중에도 자신의 직업에 대한 자부심이나 사랑의 마음을 가지지 못한 채 하루하루 그저 버티는 사람이 분명 있다. 사실 그런 모습을 보면 안타깝다. 뭔가를 얻으려면 뭔가를 잃을 수밖에 없고, 세상에 공짜는 없다.

내가 생각하는 '성공하는 회사와 개인'은 이제 막 새롭게 시작한 곳에서 어렵고 힘든 일을 마다않고 더 많은 고생을 감당하는 사람일수록 더 큰 성공에 도달한다는 것이다. 누군가는 회사를 키워 임원이 되고, 누군가는 도중에 사라진다. 회사의 근무조건이 다른 곳과 비교해 왜 좋지 않은지, 왜 나에게 힘든 일이 계속 맡겨지는지에 생각과 마음이 치우친다면 결국 지금의 자리는 사라지게 될 수 있다. 성공하는 인재는 기꺼이 사장과 함께 어려움이나 고난을 나누고 헤쳐나갈 사람이다. 더불어 사장 역시 직원을 꼭 성공시켜서 회사가 잘되게 해야 한다. 부모는 자식이 잘나든 못나든 내 새끼이기에 성공하지 못해도 받아들이는 것처럼 직원을 대하는 마음도 같아야 한다.

또 한 가지 조심스럽게 꼭 하고 싶은 말은 오너의 입장에서는 능력이 아주 뛰어난 인재보다 오히려 인내심이 강하고 잘 버티며 정말 회사와 함께 가려는 마음이 있는 인재와 더 오래 함께하고 싶어진다는 것이다. 즉 우직하고 다른 마음을 안 먹을 것 같은 사람 말이다. 특히나 대기업이 아닌 중소기업은 구성원 한 사람 한 사람이 어떤 성향을 가졌는가에 따라 성장과 답보가 좌지우지된다. 단기적인 성과에 매달리는 대신 장기간에 걸쳐 회사의 조직에 흡수되고 건전한 문화를 만들어나가는 데에 적극적으로 참여할 수 있는 인재가 절실히 필요하다.

입사 후 중도에 포기하는 사람이 많은데 일을 해보고 본인에게 맞으면 계속하고 일이나 조건이 안 맞으면 중간에 그만둔다는 생각으로 지원하는 경우가 대부분이다. 스스로의 진로 방향 결정에 책임을 지고 다소 어려움과 장애물이 생기더라도 기꺼이 극복하며 본인의 꿈과 목표를 반드시 이루겠다는 각오와 다짐을 가지고 일을 시작했으면 하는 바람이다. 일이 힘들고 지칠 때 견딜 수 있는 굳건한 마음이 중요하다. 직업인으로서 버티는 능력도 정말 큰 재능이다. 뛰어난 능력을 가진 사람도 버티는 힘이 없어서 결국 흐지부지되는 경우를 참 많이 봤다. 초반에는 남다른 능력으로 앞서나가다가도 소리 소문도 없이 사라져 간 인재들, 일찌감치 포기해 떨어져 나간 사람들이 많다. 흔히 '존버는 승리한다'라는 말처럼 정직하게 끝까지 노력하는 힘이 빛을 바라는 시대이다. 해내는 사람과 포기하는 사람의 차이는 버티는 힘과 노력하려는 의지에서 나온다. 하물며 대단한 업적이 아니라 작은 성취를 위해서도 버티는 힘은 반드시 필요하다.

메모로 명상하기

메모는 관찰자의 시점을 갖게 해준다. 마음을 관찰하며 기록하는 메모는 마음챙김 명상을 하듯이 지금 이 순간의 나를 관찰하게 해준다. 마음을 힘들게 하는 반복되는 생각이 있다면 노트에 적고 시간을 내어 '이 생각이 어디서 기인했는지, 어떤 욕구로 인해 일어났는지, 타당한 근거가 있는지' 따져 본다.

쓸만한 정보나 기발한 아이디어만이 메모의 대상이 되는 건 아니다. 내 마음속에서 생겼다 사라지는 생각과 감정을 관찰하고 기록해보자. 이러한 메모를 통해 자신을 보다 객관적으로 바라볼 수 있고 자각력이 커지게 된다.

메모와 관찰은 동반 상승시키는 관계가 있다. 마음을 자주 메모하다 보면 마음을 관찰하는 능력이 커지고 일상에서 늘 마음을 챙기는 나를 발견하게 된다. 메모는 나 자신을 볼 수 있게 돕는다. 메모는 곧 명상이다.

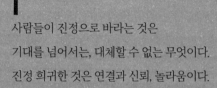

사람들이 진정으로 바라는 것은
기대를 넘어서는, 대체할 수 없는 무엇이다.
진정 희귀한 것은 연결과 신뢰, 놀라움이다.

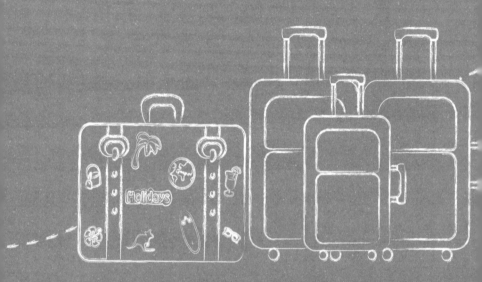

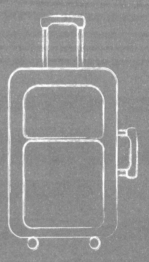

OR

4부

사업과 사람을
지켜내는 법

내 인생의
가장 큰 방향성은
사람이다

내게 있어 가장 소중한 보물은 함께하는 사람들이다. 여행사업을 해오면서 내 능력에 비해 크게 성공했을 때나 어렵고 힘든 상황을 이겨냈을 때 항상 내 곁에는 고마운 분들이 함께해 주셨다. 항상 마음으로부터 우러나 감사하게 생각하는 부분이다.

어느 행사장소에 갔을 때의 일이다. 나와 친한 한 지인이 건너편에 앉은 한 분을 가리키며 내게 넌지시 "저분이 누군지 아느냐?"고 물었다. 누군지 알 수 없어서 잘 모른다고 했더니, "외국 항공사의 총책임자인데 우리 업계에서 가장 영향력이 있고 파워가 세서 서로 잘 보이려 하고 친해지려고 애쓴다"는 것이었다. 그 말에 나는 "그게 나와 무슨 상관이 있냐?"며 시큰둥하게 되받아쳤다.

행사가 끝나고 식사를 하러 가는 길에 지인의 성화에 밀려 얼떨결에 그분과 가까운 자리에서 식사를 하게 되었다. 참석한 사람들 대부분이 서로 그분과 친분을 쌓으려 애쓰는데 마침 그분이 내게 '처음 보는 얼굴'이라며 먼저 인사를 건네셔서 나도 예를 갖춰 잠시 대화를 나눌 수 있었다. 그런데 식사 자리에서 고기를 다 먹고는 밥을 볶아서 가장 처음으로 내게 수북이 담은 밥그릇을 건네주셨다. 그 모습에 참석한 사람들이 "왜 박 대표에게 제일 처음 밥을 떠주십니까?" 하고 농담을 하니 "마음에 들어서"라고 농담으로 받아주셨다. 굉장히 까다로운 분이라는 소문과 달리 성품이 상당히 소탈하시고 자상하셨다. 괜한 감동을 느낀 나는 인간적인 이끌림에 자주 뵙고 싶다고 말씀드렸고, 언제든 찾아오라며 반갑게 화답해주셨다. 당시에 나는 그분의 사업과 전혀 관련이 없는 위치에 있었다.

그 후 이분은 나의 여행사업에 큰 영향력을 미치는 사람이 되었다. 여러 사람이 그분을 만나기 위해 기다리는 상황이어도 내가 찾아가면 모든 스케줄을 미룬 채 바로 나오셨다. 비교적 자주 그런 상황이 생기자, 어떨 때는 그분께 뭔가를 부탁하기 위해 기다리던 각 여행사의 미주 팀장들이 "지금 긴히 부탁드릴 게 있으니 제발 나중에 들어가면 안 되겠냐"라며 나를 가로막을 정도였다. 사실 나는 직접적인 비즈니스 관계로서가 아니라 개인적인 친분으로 찾아뵌 거라 그분도 내가 가장 부담 없어서 편하게 맞아주신 것 같았다. 오히려 그 덕분에 형제 같은 관계로 점점 더 절친해졌다. 다들 그분께 무언가를 부탁하거나 바라는데 나는 아니었다. 우리 사이의 친분이 두터워지자 몇몇 사람들은 함께할 자리를 만들어 달라며 나에게 부탁까지 해오는 상황이 되었다.

내가 새로운 지역의 사업을 확충할 때마다 그분은 자신의 분야가 아닌데도, 주변 사람들에게 나를 많이 도와줬으면 좋겠다며 발 벗고 나서주셨다. 그 덕분에 정말 빠르고 크게 회사가 성장할 수 있었다. 이제 내게는 친형제 같은 분이 되었다. 그분의 별명처럼 '군림하지 않는 카리스마'가 나로 하여금 그분을 좋아하게 만들었다. 그리고 그분이 어느 시점에 결국 그 지위에서 물러나시게 되었을 때, 주변에 수없이 많던 사람들이 정말 매정할 정도로 그분의 곁을 떠나갔다. 이제 영향력을 잃었다는 것이다. 그분과 함께 저녁식사를 나누며 "어떻게 사람들이 자리가 바뀐다고 그렇게 대하는 게 다를 수 있느냐? 매일 벌떼같이 달려들던 사람들이 중요한 자리에서 내려왔다 해서 어느 누구도 거들떠보지 않고, 연락도 안 하고 어떻게 인심이 그럴 수 있느냐"며 울분을 토했다. 그분은 오히려 나를 위로하면서 "경제적으로 어려운 것도 아니고 다 괜찮아! 다만, 아직 내가 한창 나이에 출근할 곳이 없어지니 그게 가장 힘들다" 하시는 약한 모습에 괜히 울컥 눈물이 차올랐다.

나는 그다음 날 바로 우리 회사 옆에 개인 사무실을 마련해 당분간이라도 편하게 쓰시라고 공간을 내드렸으나 결국 얼마 지나지 않아 대형회사에 CEO로 다시 큰 행보를 펼치셨다. 나는 중국 쪽 사업이었고 그분은 미주 쪽 항공사

총괄이셨기에 업무적으로 직접적인 연결은 없었지만, 마음으로 가까워졌기에 내게는 늘 평생을 함께할 분이나 마찬가지다.

언제부턴가 내 사업지역인 중국 쪽에 재미교포 단체가 많이 늘어났다. 국내 항공사들이 프로모션의 일종으로 미주 본토에서 재미교포분들이 한국에 들어오면 보너스 항공 구간으로 중국을 무료 이용할 수 있는 추가 항공권을 지급하면서 갑자기 중국 관광 여행객이 크게 늘어난 것이다. 그래서 나는 그분께 미주의 여행 업체를 소개시켜 줄 수 있는지 처음으로 부탁을 드린 적이 있다. 형님은 알아볼 테니 기다려 보라 하셨다. 그러고는 한동안 잊고 있었다. 그러던 어느 날 형님이 급히 호텔 로비로 나오라고 하셔서 한달음에 달려갔더니 누군가와 함께 서 계셨다. 어색한 첫인사를 나누고 나자 그분은 내게 웃으며 "도대체 두 사람이 얼마나 친하길래 이토록 진지하게 부탁하는지 모르겠다"며 20년 넘게 가까이 지냈지만 처음 있는 일이라고 희한해하셨다.

"이 친구가 제가 어려울 때 저를 지켜준 사람입니다."

형님은 껄껄 웃으면서 그분께 나를 소개해 주셨다. 그분은 다름 아닌, 미국 한인 업체에서 가장 큰 회사를 운영하시는 대표였다. 나는 바로 다음 날 그 회사로부터 거래계약 요청을 받을 수 있었다.

좋은 친구는 인생의 큰 자산이다. 그전에 나부터 누군가에게 좋은 친구가 되어야 함은 물론이다. 그러니 사람을 사귈 때는 언제나 진실하고 너그럽게 행동해야 한다. 선량한 사람은 상대의 이익을 위해 잘해주고, 소인배는 자신의 이익을 위해 친절을 베푼다. 나에게 잘하는지만 보지 말고 그 사람이 다른 사람들을 어떻게 대하는지도 잘 관찰해야 한다. 사람은 끼리끼리 어울리므로 주변에 어떤 사람들이 있는가를 보면 그 사람을 알 수 있다.

좋은 인간관계를 만들어가려면 상대방에게 지속적인 가치를 제공해야 한다. 꾸준히 가치를 공유하고 신용을 쌓아나가면 그들은 내가 도움이 필요할 때 반드시 손을 내밀어줄 것이다. 인간관계야말로 최고의 자산임을 잊지 말아야 한다.

결국,
사람이 인생의
행복 척도이다

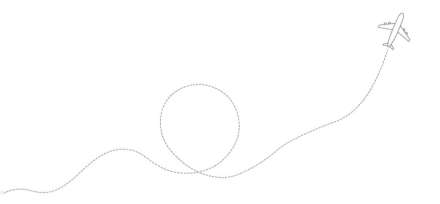

　중국 여행사업으로 여행 업계에서 최고가 되었지만, 사업적인 성과와는 달리 나는 늘 정상에서 채워지지 않는 공허함을 느꼈고 행복하지가 않았다. 업계 분들도 내게 덕담으로 "박 사장님은 중국보다는 스타일이 유럽 쪽이 맞으실 것 같아요"라는 많이 하셨다. 농담이라도 그런 얘기를 들으면 괜히 속으로 우쭐해져서 "그래, 업무적으로 맺고 끊는 게 명확하지도 않고 속이기도 해서 스트레스가 많은 중국보다 나에겐 화려해 보이는 유럽이나 정확하게 비즈니스할 수 있는 미국 쪽이 더 성향에 맞아!" 하고 마음속으로 자주 생각했다.

2018년 경제 위기 속에서 여행산업이 위축되자, 나는 잠시 직원들에게 회사를 맡기고 뉴욕으로 건너가서 혼자 뉴욕 생활을 했다. 그때 친하던 미서부 최대 한인 회사 사장님이 내게 "박 사장, 동부에서 뭐해? LA에 한번 오지도 않고…." 하셔서 "네, 곧 찾아가 뵙겠습니다." 하고는 곧바로 LA로 건너가 모처럼 서부 관광도 하고 그분과 깊은 대화를 나누었다.

"박 사장, 미국 쪽에서 사업해보지 그래? 미국 본토인 동부나 서부는 나하고 경쟁이 되니 곤란하고 본토가 아닌 하와이는 어때? 박 사장이라면 한국 거래처들에 충분한 세일즈력을 갖고 있고, 또 LA 본토 우리 회사 손님들도 박 사장이 맡아서 해주면 하와이에서 성공할 텐데….."

"말씀 감사합니다. 저도 의향이 있습니다. 제가 한 달 정도 하와이에 가서 시장조사 겸 살펴보겠습니다."

나는 곧바로 한국으로 돌아가 준비를 한 후 하와이로 향

했다.

어떤 새로운 지역에 가면 나는 꼭 일부러라도 사서 고생을 한다. 내가 처음 하와이에 갔을 때도 평소 나름대로 화려하게 사는 나였지만, 한 달간 살 곳으로 가장 저렴한 숙소를 알아보곤 했다. 그렇게 한국분이 주인인 부부의 집에 방 하나를 빌리는 룸쉐어로 숙소를 정했다. 남편분은 조용한 편이었고 오히려 아내분은 조그마한 식당을 하는 생활력이 강한 분이셨다. 하필이면 남편분의 직업이 여행사 가이드였다. 다들 바쁘게 지내는 타국 생활에서 집에서 거의 얼굴을 보기 어려웠지만, 집 안에서 마주칠 때면 방을 빌려 쓰는 사람과 주인 관계라서 내가 눈치를 봐야 하는 입장이었다. 참으로 드라마 같은 얘기는 그 이후 내가 여행사를 운영할 때 그 남편분이 우리 회사 가이드로 일을 했다는 것이다.

일부 현지 가이드들은 투어 행사를 마치고 회사에 행사 정산을 보고하는 데 있어 정산서를 속이기도 한다. 가령, 쇼핑과 옵션을 판매한 내역들 중에서 판매 수익을 줄여서 거짓으로 보고하거나 개인적으로 사용하는 경우도 있는데, 문제는 이분이 수차례 정산서를 속이다 결국 내게 들켰다는 것이다.

나는 그를 회사로 불러 개별 면담을 했다. "내가 그렇게 만만해 보였나요? 속인 부분을 다시 제대로 정산하지 않으면 용서 없이 조치하겠습니다" 하고 단호히 얘기했다. 그는 "너무 죄송합니다. 앞으로는 그런 일 없을 테니 지난 일은 없던 걸로 좀 안 되겠습니까? 부탁드립니다" 하고 사정했다. 그럴 수 없으니 잘 판단하라고 엄하게 통보한 후 돌려보냈다. 몇 시간쯤 지났을까. 그의 부인이 계속 내게 전화를 했다. 나는 끊임없이 걸려오는 전화를 받지 않았다.

하와이에 들어가자마자 나는 여간해서 늘지 않는 영어 때문에 어학원에 등록하고 수업을 들었다. 그런데 같은 반에 나보다 먼저 등록해 수업을 듣는 선배라며 서툰 나에게 핀잔을 주고 무시하던 남성이 있었다. 물론 나는 사업하는 사람이라는 얘기를 일체 하지 않았고, 같은 반 친구들과 격의 없이 잘 지내고 싶었는데 나 역시 유독 그에 대한 호감은 생겨나지가 않았다. 나중에 이분은 내가 회사를 운영할 때 내가 사장인 줄 모르고 가이드 취업으로 면접장에서 마주쳤다. 서로 무척 당황했는데 그때 이분이 "옛정을 생각해서 뽑아주면 열심히 하겠습니다"라고 진지하게 부탁했다. 그를 채용하기에는 이미 나는 그의 성향이나 자질을 잘 알기에 우리 회사의 소중한 고객을 그런 사람에게 맡기기에는 곤란하다는 판단으로 그를 채용하지 않았다. 그 후 와이키키 식당에서 우연히 그를 마주쳤는데 내게 굉장히 예의를 갖춰 대했지만 나는 그와 더 이상의 인연은 만들지 않았다.

나는 지금까지 살면서 업무적으로든 개인적으로든 많은 도움을 받은 감사한 분들이 많다. 사람이 인생 최고의 자산이라고 생각한다. 삶에서 중요한 결정의 시기에 깊은 이성적 판단으로 많은 부분을 고려하지만, 결국 선택의 순간 결정에는 감성이 더 크게 좌우한다. 인생에서 특히나 새로운 곳에 가거나 변화의 시기에 놓였을 때 누구를 만나느냐가 스스로의 능력과 노력보다 훨씬 큰 역할을 할 때가 있다. 지금보다 나은 삶을 산다는 것은 돈이 많고 적음을 떠나서 곁에 좋은 사람을 두는 것이 아닐까. 앞으로 남은 인생을 살아가면서 가장 큰 바람이 있다면 좋은 사람들과 좋은 곳에서 좋은 것을 함께 나누며 즐길 수 있는 삶을 사는 것이다.

하와이에서의
빛과
그림자

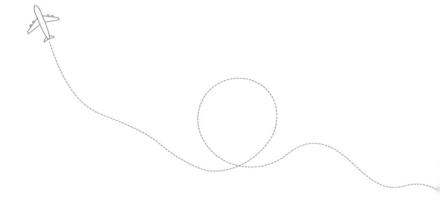

하와이 회사설립 과정에서 가이드부터 현지 텃새까지 상상을 뛰어넘을 만큼 크고 많은 어려움을 겪어야 했다. "원래 타지에서는 어려움이 많으니 회사가 안착될 때까지 자신과 동업을 하는 게 어떠냐"며 제안한 고마운 사장님이 사무실까지 함께 쓰자며 공간을 내어주었다. 처음에는 엄청난 호의라고 받아들였으나 나중에는 '본인 회사로 나를 불러들여 어떻게 일하는지 감시하기 위해서였다'는 것을 알고는 절망감에 집에 돌아와 혼자 불 꺼진 방에서 펑펑 울었다. 함께 있으면서 온갖 방해를 일삼고 결국 그의 숨겨진 의도를 알아채고는 정말이지 사람이 싫어지기까지 했다.

현지 가이드 문제도 골칫덩이였다. 미국 가이드는 비자 문제로 동남아처럼 한국에서 교육시킬 수가 없어서 오직 시민권, 영주권자여야만 자격이 되었다. 그래서 대부분의 하와이 가이드분들이 나이가 나보다 많을 수밖에 없었다. 그 당시 가장 어린 가이드가 40대 중반이었고, 60~70대 가이드도 허다했다. 나는 그들과 친해지기 위해 자주 식사자리를 마련해 술도 한잔씩 마시며 노력했다. 그들도 처음에는 "우리 사장님!"이라며 공손했지만 술 한잔이 들어가면 이런저런 말이 많아지고, 더 취하면 "이봐요, 박 사장! 행사 운영은 우리가 알아서 할 테니 박 사장은 한국에서 고객유치나 하고 손님만 많이 끌어오시오!"했다. 그런 자리를 여러 번 겪고 난 다음부터는 가이드와 웬만하면 사석에서 만나지 않았다. 그렇게 자꾸만 고립되어 가는 하와이 생활은 정말 많이 외롭고 괴로웠다.

어느 날은 가이드 한 사람이 행사 하루 전날에 상의할 게 있다며 나를 찾아왔다. 그는 50대 후반의 고참 가이드로 따르는 후배들이 꽤 있는 편이었다. 다짜고짜 내게 "내일 팀 행사 배정권을 자신에게 위임해 달라"며 만약 이 제안을 받아들이지 않는다면 자신과 더불어 이미 배정된 친한 후배 동료들까지 함께 행사를 보이콧 하겠다는 것이었다. 정말 뒤통수를 한 대 얻어맞은 것처럼 어지러웠다. 하지만 "나는 행사를 안 해도 좋으니 앞으로는 두 번 다시 우리 회사에서 일하지 못할 겁니다. 나는 타협하지 않습니다"라고 강력하게 못을 박았다. 속으로는 막막했지만 겉으로는 티를 내지 않았다. 내가 도리어 강하게 나오니 의외의 모습이라는 듯 그는 "박 사장님, 대단하시네요. 졌습니다. 행사 잘할 테니 그럼 딱 한 사람은 배정에서 빼주세요" 하며 나를 가장 많이 도와준 가이드 미세스 심을 빼라고 요청했다. 주말 동안 배정된 여러 팀의 가이드들과 나를 도와준 한 명의 가이드, 둘 중 하나의 선택이었다. 개인적으로 의리가 중요하다고 생각하지만, 행사 운영의 안정성과 무엇보다 내게는 고객이 더 중요했다.

나는 정말 마음이 아팠지만 그들의 요구에 응할 수밖에

없었다. 다른 사업도 마찬가지겠지만 선택의 순간, 고객과 회사를 위해서 원치 않은 결정을 내릴 수밖에 없었던 일들도 불가피하게 많았다. 나는 미세스 심에게 연락해 함께 식사를 하면서 "부디 나를 믿고 아주 잠시 당분간만 팀에서 빠져 있어 달라"라고 진심을 다해 부탁했다. 그러나 그는 "일단 알겠지만 다른 회사로 옮기겠다"라고 매정하게 대답했다.

어느 날엔가 하루는 지인과 술 한 잔을 나누며 울컥해서 "왜 사람들이 천국 같은 이 하와이의 너무도 아름다운 환경 속에 살면서 남의 뒷담화를 하고 없는 말을 만들어 내느냐"라고 울분을 터뜨리기도 했다. 다들 "악의가 있다기보다 때때로 무료하고 심심해서 남의 얘기를 하며 자신을 달래는 것이니 조금만 지나면 익숙해지고 괜찮아질 것"이라고 위안했다. 하와이에 있는 동안 한국에 있는 사람들은 "너무 행복하시겠어요. 매일 와이키키에서 운동도 하시고 멋진 곳에 사시니 정말 부럽습니다"라고 내게 말했지만, 그분들의 생각과는 달리 사업 때문에 혈혈단신 생활했던 하와이는 내게 많은 외로움과 녹록지 않은 고통을 주었다.

사실 처음 들어왔을 때만 해도 이미 많은 곳에서 성공을 거둔 경력 덕분에 금방 시장을 장악하고 큰 성취를 이룰 거라며 다들 기대했다. 나 역시 만만하게 생각하고 혼자서 들어온 게 사실이었다. 나중에는 현지 분들과 친한 관계가 되었지만 내가 처음 들어갈 때만 해도 하와이 여행업계의 가장 큰 이슈가 '나'였다고 한다. 오히려 한국에 계신 업계 분들이 나를 도우려는 마음에 미리 연락해서 "좋은 사람이 들어가니 잘 부탁한다"라고 기존 하와이 사람들에게 얘기한 게 화살이 되었다.

한국에서 대단한 사람이 들어와 우리 밥그릇을 다 빼앗을 거라며 무조건 쫓아내야 한다고 연합을 결성하게 만든 것이다. '우리 회사 팀을 받는 쇼핑센터는 보이콧 하겠다, 우리 회사와 일하는 가이드는 앞으로 쓰지 않겠다'라는 거센 배척이 기다리고 있었던 것이다. 나는 그런 생각을 가진 분들에게 "저는 그런 생각으로 들어온 게 아닙니다. 하와이 시장을 지금보다 크게 키워서 함께 큰 파이를 나누고 싶습니다" 하며 정중하게 다가갔지만 한동안은 많이 힘들었다. 결국, 꽤 시간이 지난 후에야 진정성이 통했다. 그러나 나는 이미 개인적으로나 사업적으로 너무 많은 에너지를 소모한 뒤였다.

　그래도 아름다운 하와이에서 감사할 일들도 참 많았다. 초반의 어려움이 지난 후 가까워진 사람들과 함께 단골로 가게 된 스시집은 인생 최고의 맛집이 되었고, 혼자서 외로움을 달래려고 드라이브하던 멋진 풍경들은 그야말로 지상 낙원이었다. 세상에는 분명 좋은 사람이 많다는 것도 사실이다. 하와이에서 내 차가 주유를 제대로 하지 않아 도로에 멈춰 서서 곤란했을 때, 사이클을 타고 가던 한 백인이 "당황하지 말고 자신이 올 때까지 기다리라"라고 했다. 30분이 지나도 오지 않기에 반쯤 기다리기를 포기할 즈음 드디어 본인 차를 갖고 와서 비상 주유를 해주었다. 난 너무 고마워서 기름값 이상의 수고비를 드리려 했지만 그는 끝까지 사양했다. 정말 이 세상은 따뜻한 마음을 가진 사람들이 훨씬 더 많다.

나에게 집중하면
인간관계가
편하다

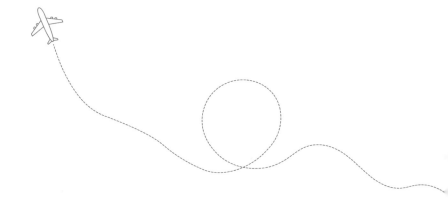

    지금은 여행 업계를 떠나서 다른 분야의 사업체를 만들어 경영하시는 분의 이야기다. 당시 그분은 나름 인지도가 있는 대형 여행사를 잘 운영하고 계시는 회장님이셨다. 하지만 자신의 잇속을 많이 차리는 성향이 있었고, 인간관계에서 상대와 주고받는 것이 아니라 자신이 취할 것만 얻고 나 몰라라 하는 탓에 주변 사람들로부터 마음을 잃고 있었다. 그러다 보니 함께 골프도 안 치고 어울리지 않겠다고 하는 사람들, 피하는 사람들이 많았다. 한번은 우리나라 메이저급 여행사들의 팀 리더 모임이 있었는데, 거기서 이 회장님에 대한 성토가 나온 것이다.

"그 사람 너무 양심이 없어. 정말 자기만 알고 욕심이 많아!"

"누가 아니래. 본인 할 얘기만 하고 상대의 말은 듣는 척도 안 해."

"자기밖에 모르는 사람이 어떻게 비즈니스를 하나 몰라. 사람들이 다 자기 욕하는 줄도 모르고…."

"그래도 그 사람 좋아하는 사람 있잖아?"

"그래? 누구?!"

"아니, 왜 박정수 대표라고…. 맨날 같이 골프 치고 밥 먹고 어울리던데? 그 사람은 엄청 친한가 봐."

그날 이후, 그 모임에 참석하셨던 한 선배가 내게 전화를 걸어왔다. 그 회장님에 대해 모두 불만인데 박정수라는 사람은 그 회장과 친하다며 둘이 똑같으니까 어울리지 않겠느냐는 말이 나왔다는 것이다.

"아우야, 너는 남들이 다 싫다고 하는데 괜히 그 사람하고 친하다는 것 때문에 너까지 그렇게 미움받을 수 있으니 괜히 그 사람하고 자주 어울리거나 가까이하지 마라. 너까지 안 좋은 소문 돌면 어떡하니? 자제하는 게 좋을 거다."

선배는 내가 걱정되어 충고해 주신 거였지만, 나는 그렇게 생각하지 않았다.

"누구든 그런 단면이 있겠지만 그래도 좋은 면도 많이 가진 분이고 나는 그 좋은 면이 마음에 들어서 만나는 거예요. 그리고 그분께 저는 도움 받은 것도 많아서요. 제가 욕먹을까 봐 걱정해주신 것은 감사해요."

정말 그랬다. 사모님조차도 회장님께 "자기는 박정수 대표 아니면 친구도 없잖아"라고 말할 정도로 인간관계가 많이 단절되어 있었다. 하지만 남들이 평가하는 것보다 실제 그분과 골프도 치고, 식사도 함께하며 적지 않은 시간을 만나면서 도리어 내가 배우고 얻은 것들이 많았다. 다른 지역의 사업을 새롭게 시작하거나 새로운 상품을 만들어서 누군가가 집중적으로 판매해줘야 할 때 그분이 내가 제안한 상품에 대해 가장 먼저 편을 들어주시기도 했다.

나는 특히 인간관계에서만큼은 다른 사람의 평가와 시선

보다는 나와의 관계에만 집중하는 편이다. 다른 사람들과의 관계는 당사자들끼리 만들어가는 것이다. 남들이 무슨 말을 하든 나는 그분께 고마움이 있고, 내가 도와드릴 수 있는 것은 해드리는 것이 도리였다. 나와 당사자의 관계에 대해 다른 사람이 왈가왈부하는 것은 좋은 태도가 아니라고 생각한다.

한번은 이런 일도 있었다. 식당에서 거래처 팀장들과 식사를 하는데 근처 다른 자리에서 "내가 박정수라는 사람 잘 아는데, 그 사람 로비의 왕이야. 임원들이나 오너들 하고 인맥 쌓아서 사업하는 거지. 그 사람 별거 없잖아. 특별히 능력이 뛰어난 것도 아니고."

나도 황당했지만 나와 함께 식사를 하던 사람들이 더욱 불쾌해서 "쟤네 뭐야? 뭔 소리 하는 거야?"라며 더 언짢아하고 기분 상해했다. 내가 아는 사람들인가 싶어 옆으로 다가가 나를 아느냐고 물었다. 방금 전까지만 해도 나를 잘 안다던 사람이 "누구신데요? 잘 모르는데요?" 하고 대답하는 게 아닌가. 나는 웃으며 '제가 바로 방금 말씀하신 박정수라는 사람'이라고 말하니 다들 얼음이 되고 말았다. '같은

업계에 있는 후배들인 것 같은데 기분 좋게 식사하고 가라'
고 말하며 그날 나는 그들의 식사값까지 계산해 주고 식당
을 나왔다. 단순히 임원이나 오너의 위치에 계신 분들과 친
분이 있다는 이유로 과정은 없이 로비 잘해서 사업한다는
소리를 들으면 자존심이 많이 상한다. 나를 잘 아는 사람들
은 전혀 그렇게 말하는 경우가 없다. 오히려 나를 잘 모르는
사람들이 카더라통신처럼 뒤에서 험담을 하고 비방을 한
다. 그렇게 시기와 오해를 받은 적이 많다.

　다른 사람이 나를 어떻게 생각하느냐보다 내가 나 자신
을 믿고 남들의 입에 오르내릴 행동을 하지 않았음에 떳떳
하면 그것으로 된 게 아닐까. 인간관계는 참 어려운 과제이
지만 그럼에도 나 자신에 집중하면 조금은 편해지는 면이
있는 것 같다.

노사간에는 신뢰와 협력이 필요하다

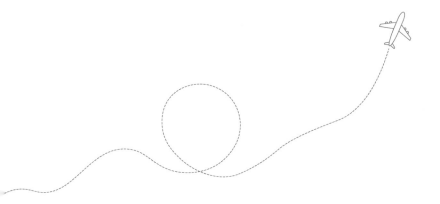

업계 용어 중에 '하드 블록'이라는 게 있다. 항공사가 선금을 받고 비행기 좌석 전체를 몇몇 여행사에 뭉텅이로 선판매하는 것이다. 보통 마케팅 능력이 떨어져서 직접 좌석을 팔기 힘든 동남아, 중국계 항공사들이 이용하는 방식이다. 그리고 한번 거래된 이 '하드 블록' 좌석은 반환이나 환불이 불가하다. 팔든 못 팔든 무조건 여행사의 책임이 된다.

한번은 내가 해외 출장 중이었는데 거래처에서 하드 블

록을 제안하며 우리 회사에 그에 대한 비용을 반 정도 부담하면 어떻겠느냐고 물어왔다. 하드 블록은 비용이 만만치 않기 때문에 절대 쉽게 결정해서는 안 될 중대한 사항이다. 내가 해외 출장 중이었기 때문에 직원이 이 제안을 받았는데, 본인 판단으로는 내 일을 덜어주고 나의 신임을 받고 있었기에 잘해보려는 욕심으로 덜컥 그 제안을 받아들였다. 그런데 아쉽게도 (지금은 잘 기억이 나지 않지만) 당시에 대만 지진을 비롯한 대형 악재가 터져서 동남아 수요가 뚝 떨어졌다. 그래서 결국 그 티켓을 거의 팔지 못하고 몇천만 원의 돈을 허공에 날렸다. 직원의 과오로 회사는 큰 손실을 떠안았지만 어차피 데려가야 할 직원이라 생각했기에 "어떻게 내 허락도 없이 그렇게 중요한 일을 혼자서 결정했느냐"고 한번 질책했을 뿐 손해만큼 연봉을 깎거나 퇴사를 시킬 수는 없었다.

그 직원은 늘 평소에 입버릇처럼 "저는 우리 회사를 위해서 목숨을 바치겠습니다. 저는 대표님을 존경해요. 이 회사에 뼈를 묻겠습니다"라고 말했다. 겉으로는 "됐어. 입에 침이나 바르고 그런 소리 해"라고 했지만, 정말 많이 믿었고 잘 키워주고 싶은 마음이 드는 친구였다. 코로나가 터지고 초창기에는 다들 이렇게 몇 년씩이나 지속될 줄 몰랐다. 상황이 아무리 어려워도 인원을 감축하거나 급여를 줄이고 싶지는 않았다. 그래도 오랫동안 함께한 식구 같은 직원들이고 어려운 때이지만 내가 진심으로 대하면 상황이 좋아졌을 때 신뢰 관계가 더 두터워지길 바라서였다. 시간이 흐르고 분위가 점점 심상치 않자 몇몇 직원들이 "대표님, 힘드실 텐데 제 월급을 깎으셔도 됩니다. 나중에 코로나 끝나고 회사가 정상으로 회복되면 그때 다시 정상화해주세요"라고 했다. 자발적으로 그런 얘기를 해줘서 참 고마웠다. 그런데 우리 회사에 뼈를 묻겠다던 직원은 반대의 입장이었다. 아직 미혼이긴 했지만 자신이 매달 감당해야 하는 필요 자금이 있어서 자신의 급여는 깎이면 곤란하다는 것이었다.

그동안 내가 마음을 주었던 만큼 그 직원에 대해서는 그래도 참고 넘길 수 있는 이해심이 있었다. 그래서 내 딴에는 나름대로 배려를 해주었다. 하지만 결국 내가 시장조사를 위해 몇 달 회사를 비웠을 때 퇴사를 하고 말았다. 재무실장이 "대표님께서 돌아오시면 퇴직금 등 정산해 주겠다"고

해도 "대표님이 언제 오실 줄 아냐"며 자신의 퇴직금을 빨리 처리해달라고 강하게 요구했다. 그 얘기를 들은 나는 재무실장에게 국제전화를 걸어 이렇게 저렇게 처리하여 퇴직금 먼저 해결해 주라고 지시했다. 몇천만 원의 회사 손실에 대해서는 그럴 수 있다고 넘기면서도 자신의 급여가 깎여나가는 것에 대해서는 조금의 손해도 입기 싫다는 직원의 태도에 마음이 참 씁쓸했다. 사실 그 직원이 낸 회사의 손실은 퇴직금의 몇 배나 되는 큰돈이었다.

　돈을 못 벌어서 회사가 어려운 것보다 그만두는 직원이 생길 때 사장은 마음이 더 아프다. 며칠 일도 안 하고 나간 신입 직원이 퇴사해도 마음이 상하는데, 정말 수년 동안 믿었던 사람이 자기 중심적인 이기심에 그만둔다고 하니 상실감이 이루 말할 수 없을 정도로 컸다. 다만 그나마 위안이 되는 것은 그만둔 직원이 경쟁사로 가서 우리 회사에서 알게 된 모든 노하우를 노출하면서까지 정말 배신의 극을 달리는 사례는 지금까지 한 번도 없었다는 것이다. 이런 일이 사실 업계에 비일비재하다. 사장에게 반감을 가지고 일부러 경쟁 회사로 옮겨가는 경우 말이다. 수시로 독서경영이

나 마인드 등 인성 교육에 애를 쓴 덕분인 것 같다. 그나마 참 다행이라고 생각한다.

많은 사장이 직원들이 바라는 오너상에서 조금은 벗어나 있다. 하지만 사장의 입장에서 이야기를 들어보면 그렇게 된 데에는 다 이유가 있다. 처음부터 그랬던 것은 아닌데 정말 믿었던 직원에게 배신을 당하는 일들을 자꾸 겪다 보면 마음의 문을 닫게 되는 것이다. 노사간 갈등이 생겼을 때 직원은 "이 회사에 충성하면 대가의 보장이 이뤄져야 하는데 그 부분에서 만족이 안 되었다" 또 회사는 "많이 투자해서 키우고 싶었는데 무책임하게 그만두는 사람 때문에 마음의 문을 닫았다" 하는 입장 차이가 있다. 그래서 나는 면접을 볼 때부터 당장의 실력보다는 인성 위주로 심사를 하는 경향이 강하다. 면접 자리에서 보면 말을 유창하게 구구절절 잘하는 지원자들이 많은데 인성적인 것과 관련된 질문을 했을 때는 숨김없이 본성적인 부분이 나타나기 마련이다. 그러면 잘 봐뒀다가 최종 단계에서 좀 걸러내는 편이다.

특히 이 업계에서는 절대 연봉만 보고 회사를 선택해서는 안 된다. 면접장에서 대놓고 "다른 건 다 모르겠고 제 연봉은 얼마인가요?"하고 묻는 지원자들의 기백은 대단하다. 자신의 능력이 그만큼 된다는 자신감의 당당한 표현일 수 있지만 실제 업무에서 그만큼의 능력을 발휘하지 않는 경우도 허다하다. 예를 들어, 이전 직장에 야근이 너무 많아서 야근이 없는 조건의 회사에 입사했다 해도 상황에 따라 야근이 생길 수 있다. 그러면 그 직원은 자신이 만족하는 조건에 따라 계속 옮겨 다녀야 한다. 근무하는 곳의 조건을 입맛에 맞춰 선택한 사람은 조건이 조금이라도 바뀌면 또 다른 직장을 찾을 수밖에 없는 것이다.

나는 늘 회사가 버는 만큼 함께 일하는 직원들에게 나누고픈 마음이다. '맛있는 타이완'이 성공했을 때 나는 함께 고생한 직원들을 데리고 여행을 간 적이 있다. 그래도 아는 사람은 다 아는 일화인데, 전진여행이라고 해서 회사에 고급 벤을 불러 인천공항까지 가서 홍콩, 마카오로 3일 동안 지내다 온 적이 있다. 숙소도 내가 할 수 있는 선에서 좋은 것으로, 먹을 곳은 늘 맛집으로 안내해 베풀어 주었다. 일한 만큼의 보상과 대가가 반드시 지켜지고 어려운 시기에도 급여 외에 상여금이나 선물 등을 챙기려고 노력해왔다. 그럼에도 내가 늘 부족함을 느끼는 것은 여행업은 성수기와 비성수기, 호황기와 불경기가 빈번하다 보니 이번 시즌에 벌었어도 다음 시즌에는 마이너스가 되는 경우가 많다. 나의 경영 마인드는 항상 차고 넘치지만 업계의 특성이나 코로나처럼 예기치 못한 환경의 영향 때문에 직원들과의 약속이 장기간의 기간을 두고 지켜질 수밖에 없는 아쉬움이 있다. 내가 원하는 만큼, 또 직원이 원하는 만큼은 서로가 만족했던 적은 많지 않더라도 언제나 함께 노력하는 자세가 중요한 것 같다.

사업을 하면서 어려운 것이 좋은 인재를 들이는 것과 그 인재를 놓치지 않기 위해 내가 해야 할 노력이다. 내 회사에서 일하는 직원이라는 생각보다 이 회사를 함께 키우고 만들어갈 사람이라는 인식을 갖는 것, 그리고 소통과 신뢰를 바탕으로 서로 협력하는 관계로 발전시켜야 함이 사장이 고민해야 할 가장 큰 숙제인 것 같다.

적어도
한 가지만큼은
최고가 되어라

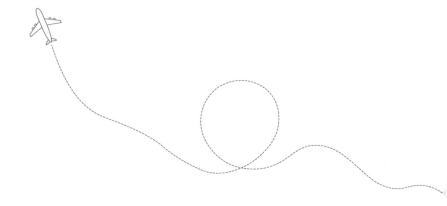

강을 건너는 낡은 배를 운행하는 A와 B라는 선박회사가 있다고 치자. A 회사의 배는 마냥 그 상태로 일주일에 7일을 운행하며 수입을 벌어들인다. 반면에 B 회사는 낡은 배를 일주일에 2~3일만 운행시키고 나머지 기간에는 새로운 배를 만든다. 결국 어느 회사가 더 돈을 많이 벌어들일 수 있을까? 준비하던 새로운 배가 운행하기 시작하면 자연스럽게 낡은 배는 일이 줄어들게 될 것이다. 당연히 새로운 배에 손님들이 몰릴 것이고 B 회사의 수익이 더 커질 것이다. 그래서 운행하는 배가 낡고 고장 나 강 위에서 멈추기 전에 늘 준비를 해야 한다.

예전에는 규모의 경제 논리로 큰 회사가 업계의 우위를 점유했다. 여행 쪽도 예외가 아니었다. 대규모의 자본력으로 밀어붙이는 종합 여행사가 무조건 잘나갔다. 그러나 요즘에는 판도가 약간 바뀌었다. 규모가 크지 않아도 기존에 접하지 못한 창의적이고 새로운 상품을 내놓는 전문 여행사들이 인기다. 골프 여행의 탑인 전문 여행사, 신혼여행 전문 여행사, 특정 지역 전문 여행사 등 "이거 하나만큼은 저희가 제대로 합니다!"라는 느낌으로 운영하는 소규모 여행사들이 많이 생겨났다.

음식점으로 치면 한 가지 메뉴를 특출나게 잘하는 곳이다. 예를 들어, "우리는 모든 메뉴가 맛있습니다"보다는 "우리가 만드는 짜장면을 먹기 위해 전국에서 손님이 몰려듭니다"가 소비자의 눈엔 더욱 매력적인 것이다. 지역경제 및 상권을 살리자는 취지로 전문가가 솔루션을 제시하는 '골목식당'이라는 버라이어티 프로그램이 있다. 각 식당이 가진 고민이나 문제는 각각 다르지만 백종원 대표의 솔루션은 거의 비슷할 때가 많다.

"메뉴를 줄이고, 한 가지라도 정말 맛있게 만드세요. 그리고 가격을 낮추세요!"다.

적어도 한 가지 메뉴는 확실히 잘해야 한다는 것이다. 그 맛이 생각나서 손님들이 찾아올 수 있도록 말이다. 하나라도 잘하고 나서 그다음에 메뉴를 추가하든지 응용을 하든지 하라는 것이다. 맞는 말이다. 비단 식당에만 적용할 수 있는 이야기는 아니다.

사업을 하다 보면 실패나 실수를 겪을 수 있다. 과거의 실패에 연연해서 주저앉아 남 탓만 해서는 사업을 길게 가져갈 수 없다. 왜 실패했는지, 원인이 무엇인지, 다시 이런 실패를 반복하지 않으려면 어떤 부분에 신경을 써야 하고 보완해야 하는지 등을 신속하게 분석한 후 방향을 수정해야 앞으로 나아갈 수 있다. 경영이라는 것은 무언가 실행하고 그것을 피드백하여 보완하며 전진하는 과정의 반복이다.

코로나의 영향인지 모르겠으나 요즘 정말 많은 인구가 창업에 뛰어들고 있다. 특히 온라인 사업의 창업자수가 급

격히 늘어나고 있으며 남녀노소 누구나 나이에 상관없이 아이디어 하나만으로 얼마든지 회사를 만들 수 있는 환경이 되었다. 사업을 시작하는 것과 그것을 유지하는 것, 크게 키워나가는 것은 모두 다른 얘기다. 모두 비슷한 아이템으로 비슷하게 사업을 해나가서는 경쟁만 하다가 지쳐 나가 떨어지게 된다. 경쟁에서 벗어나 한 가지에서만큼은 독보적인 존재가 되어야 살아남을 수 있다. 이 세상에 존재하지 않았던 비즈니스 모델을 만들고, 이 세상에 없던 서비스를 제공하기 위해 고민해야 한다.

나는 새로운 아이디어가 필요할 때면 직원들과 편안한 자리를 만들어서 어느 정해진 주제에 대해 자유롭게 이야기가 오갈 수 있도록 이끈다. 실제로 이러한 자리에서 나온 아이디어들이 상품으로 만들어진 사례가 많다. 어디선가 들은 이야기인데, 개그맨들도 아이디어를 위해 회의를 하면 좋은 생각이 떠오르지 않고, 오히려 회식 자리나 뒤풀이에서 수다 떨다가 나온 아이디어가 대박을 치는 사례가 많다고 한다. 아무래도 경직된 회의 자리에서는 통통 튀는 아이디어가 나오기 쉽지 않다. 몸과 마음이 릴렉스되어 있는 상태에서 생각이 더욱 자유로워진다.

　한 가지 분야에 통달한 사람을 우리는 '달인'이라고 부른다. 나 역시 이 분야에서 '달인'이 되기 위해 오늘도 여러 사람을 만나고 책상 앞에 앉아 사색에 빠진다. '어떻게 하면 여행객들이 감동하는 여행을 만들까, 어떻게 하면 좀더 행복하게 여행할 수 있을까' 하고 말이다.

위기에 대처하는
작은 회사의
생존법

　회사를 운영하다 보면 크고 작은 어려움이 생기기 마련이다. 처음 국내에 IMF가 터졌을 때는 한 번 위기가 오니 크게 흔들려서 도산한 회사가 부지기수였다. 사스가 창궐했을 때는 이미 한 번 경험한 바에 따라 도산까지는 아니더라도 대부분의 회사가 인원 감축, 급여 삭감, 해고, 근무지 이전 등으로 그러한 위기를 극복했다. 이번 코로나에도 역시 마찬가지로 아주 큰 환경적 위기상황에 해당되어 매출

이 0인 상황에서 어떻게든 살아남아야 하는 회사들은 각자 자구책 마련에 최선을 다하고 있는 모습이다. 나 역시 가능하면 인원 감축이나 감봉 등을 취하지 않고 동일한 사무실에서 지원금으로 버티며 살아남기 위해 애쓰고 있었지만 이 기간이 너무나 길어지다 보니 사람은 그대로 두되 집기는 모두 창고로 옮기고 사무실은 공용 오피스로 이동한 상태이다. 물론 인원을 줄이고 급여를 줄이면 당장 어려움은 해결할 수 있겠지만 그렇게 조치한 회사들 치고 잘되는 곳을 본 적은 없다. 만약 상황이 정상화되었을 때 그런 조치를 취한 회사들은 인력을 새로 채용해야 한다. 지금 우리 회사는 곧 재개될 여행에 대비해 상품 개발과 여러 업무들을 진행 중이므로 인력이 필요하고, 여행에 대한 욕구는 반드시 폭발할 것이고 수요가 생길 것이기에 미리 준비하고 있는 것이다.

전쟁 중에 소대장이 소대원들이 몇 명 죽었다고 해서 앉아서 울고만 있을 수 없듯 위기가 왔을 때 리더는 어떻게 해서든 팀을 이끌고 나아가야 한다. 반대로 지휘관이 전쟁에서만 이기겠다고 대원들이 죽든지 말든지 신경 쓰지 않는다면 그 지휘관을 따를 대원들은 아무도 없을 것이다. 그런 의미에서 리더는 위기 상황에서 냉철함과 포용력을 두루 가져야 할 필요가 있을 것 같다. 위기에서도 놓지 말아야 할 것이 결국 사람인 것 같다. 회사는 사장 혼자서 발전시킬 수 없다. 더군다나 작은 회사는 더더욱 사람이 중요하다. 회사는 사장을 포함해 전 직원의 행복을 추구하기 위해 존재한다. 그러니 어떠한 위기 상황에도 흔들리지 않을 수 있어야 직원의 행복을 지키는 것도 가능해진다. 사장이 생각하는 회사의 비전을 직원들과 공유하고 선두에 나서서 필사적으로 일해야 그 모습에 감화해 직원들 역시 일하고자 하는 의욕이 생긴다.

사실 코로나 시국에도 상장되어 있는 큰 회사는 회사가 일을 하지 않아도 주가가 형성되어 있고 회사가 돌아간다. 당장 중소기업은 실제 퍼포먼스로 인한 수익이 없으면 버틸 여력이 없다. 그래서 큰 회사보다는 작은 회사가 위기에 더 취약할 수밖에 없다. 더본코리아 백종원 대표도 아주 작은 점포를 하나 운영할 때부터 함께했던 사람들이 지금 회사의 임원이 되어 있다고 한다. 결국은 동반자가 필요하고 사람의 마음을 잡을 수 있어야 한다는 뜻이다. 좋은 사람이 곁에 있는 사장은 반은 성공했다고 봐도 무방하다.

또한 아무리 위기상황이라 하더라도 넋 놓고 있어서는 안 된다. 나는 3년 남짓한 코로나 시국에서도 내가 나갈 수 있는 나라를 돌아다녔고, 우리 회사만이 가질 수 있는 특별함, 경쟁력을 키우기 위해 한시도 여유를 부린 적이 없다. 하다못해 나 자신이 남들과 다른 경쟁력 있는 사람으로 보이기 위해 매일 새벽같이 일어나 명상과 사색을 하고 운동을 하며 몸과 마음가짐을 흐트러뜨리지 않으려 노력했다. 자기 경영에 실패한 사람도 신용불량자나 마찬가지다. 성공적인 인생을 위해서는 자기 경영이 가장 처음 우선시되어야 한다.

위기는 두렵다. 두렵지 않다고 하면 거짓말이다. 그러나 그 두려움에 휩쓸려 불안해하기보다 그 두려움을 있는 힘껏 끌어안아 그 실체를 확인하면 쓸려가지 않을 수 있다. 즉 두려움은 그대로 바라보고 연구하고 맞닥뜨려야 한다. 두려움은 피해야 할 대상이 아니라 이해해야 할 대상이다. 사람이 나쁜 습관 하나를 좋은 습관으로 바꾸는 데에도 엄청난 노력이 필요한데, 하물며 회사가 변화하기 위해서는 얼마나 더 큰 고통이 수반되겠는가. 변화는 언제나 실패의 가능성을 동반한다. 실패할 것 같아서 변화를 외면할 것이 아니라 "실패할 수도 있지만 그래도 나는 시도했다는 것에 만족해"라는 주문을 외우면서 당당히 맞설 필요가 있다. 결국 위기 속을 헤쳐나가는 힘은 '자신과 사람에 대한 믿음' 그리고 '할 수 있다는 자신감'인 것 같다.

패키지여행이 자유여행보다 좋은 이유

가성비 높은 다양한 경험을 제공한다

여행하는 지역의 관광지, 현지 음식 등 한정된 비용 안에서 여행 국가의 큰 틀을 즐길 수 있다. 같은 경비를 가지고도 자유여행은 이동의 제한과 정보의 습득으로 지체하는 시간이 많지만, 패키지는 시간을 절약하여 더 많은 곳을 관광할 수 있다. 직장인의 경우 휴가 기간의 제한으로 짧은 시간 안에 여행을 해야 하는 경우가 많은데 그럴 때 핵심 관광을 하기에 좋다. 패키지 상품은 여행 최적화 맞춤 구성상품이기에 개별여행보다 지출 비용이 적고 고정적이며 보다 효율적인 비용 운용이 가능하다.

처음 방문하는 여행지는 가능한 한 패키지 일정으로 그 나라의 전체적인 관광을 다녀온 후에 두 번째로 갈 때는 자유여행으로 이미 익숙해져서 알고 있는 검증한 상태에서 자신이 원하는 곳만 정해서 개별적으로 즐기는 것이 가장 합리적이고 현명한 여행 방법이될 것이다.

예기치 못한 돌발상황에 고생하지 않으며 안전하다

미리 일정을 갖추고 코스대로 돌아가기 때문에 돌발상황이 생길 확률이 적고, 돌발상황이 생기더라도 패키지여행의 특성상 대처할 수 있는 가이드가 옆에 있기에 안전하다. 개별여행은 돌발상황에 빈번하게 노출되는 것뿐 아니라 실제 어려운 상황이 생겼을 때 주변에 도움을 요청하기가 실질적으로 힘들다.

패키지여행에서 간혹 사고가 나는 경우는 고객이 스스로 자신의 경로를 이탈해 다니거나 일정대로 움직이지 않고 개별적으로 행동하려는 것에서 발생하므로 가이드의 안내에 따라 함께 움직여주면 위험에 노출될 일이 거의 전혀 없다고 봐도 무방하다.

가격이 저렴하다

항공, 호텔, 식사, 교통 등을 다량구매했을 때 당연히 개별적으로 예약할 때보다 저렴하게 이용할 수 있다. 물론 게스트하우스를 이용하거나 더 저렴한 숙소를 찾아 여행할 수도 있지만, 패키지여행은 일정 수준 이상의 검증된 것을 제공한다.

또한 패키지 가격은 사실 원가보다도 훨씬 저렴한 마이너스 요금이다. 이것이 가능한 이유는 가령 상품원가가 20만 원일 때 고객유치를 위해서 과다 경쟁을 하다 보니 원가의 50%만 받고 심지어 노투어피로 팀을 확보하는 경우도 있다.

분명 손님의 큰 마이너스 요금으로 유치했지만, 관광 일정상의 쇼핑 이익과 옵션 선택 관광 이익으로 행사가 끝날 때까지 이익을 얻는 방식이다. 사실 바람직

하지 않은 판매 방식임에 분명하지만 시장에 형성된 여행상품가격이 30만 원에서 정상가로 하루아침에 50~60만 원으로 바뀐다면 구매 심리가 떨어지기 때문에 이런 비정상 가격이 형성된 것이다.

여행업의 건전한 발전을 위해서는 분명히 앞으로 반드시 개선되어야 할 문제이지만 고객 입장에서는 한편으로 굉장히 저렴한 가격으로 해외여행을 경험할 수 있다. 다만 너무 가격만 보고 상품을 선택하지 말고 전문성이나 상품 내용을 꼼꼼히 살핀다면 더 좋은 해외여행을 즐길 수 있다.

편리한 접근이 가능하다

해외여행 시에 현지 대중교통 이용과 언어는 개별여행의 큰 장애물이다. 먼저 대중교통을 이용해 원하는 지점까지 가려면 이용방법을 알아보고 티켓을 구매하고 내릴 곳이 어딘지 긴장하며 가야 한다. 이에 반해 패키지 상품은 고객의 편리성을 위해 전용 차량을 통해 최단의 거리를 구축하여 시간의 효율성까지 고려해 스케줄대로 이동한다. 개별여행 시 대중교통을 이용한다 해도 익숙치 않은 지역에서의 모호함이 시간적 소모를 발생시켜 불편함을 야기할 수 있다.

그래서 패키지여행을 통해 준비된 여행일정을 누리는 것이 훨씬 이득인 것이다. 패키지 상품은 대표 관광지와 식사 등 시간 스케줄에 맞춰 짜여진 일정을 진행하기에 서비스 측면에서 고객의 편의성을 제공하며 여행으로 하여금 서비스 만족을 느낄 수 있도록 준비된 상품이다.

전문적인 설명과 안내를 받으며 수준 높은 여행을 할 수 있다

개별여행을 할 때 보통은 여행자가 그 나라에 대해 많은 것들을 공부하고 떠나기는 쉽지 않다. 보통은 일단 가서 겪을 수밖에 없다. 그러나 패키지여행에서는 현지에 살고 있거나 그 나라에 대한 역사나 문화 등을 심도 있게 공부한 가이드가 동행하며 전문적인 안내를 받을 수 있기 때문에 개별여행보다 훨씬 수준이 높은 여행을 경험할 수 있다. 같은 장소를 가도 정보를 전혀 모르는 사람과 정보를 아는 사람의 설명을 들으며 관광을 하는 것은 느끼는 감흥이 다를 수밖에 없다.

여행다운 여행을 즐길 수 있다

여행이 피곤해지면 그것은 여행을 안 하느니만 못하다. 난생처음 가는 곳이라면 더욱 신경이 예민해지고 불안함이 커지며 모든 과정에서 공부가 동반된다. 밥을 한 끼 먹으려 해도 괜찮은 식당을 서치해야 하며 돈을 지불해야 하기에 정말 맛있는 곳을 찾기를 원한다. 그렇게 몇 시간이고 정보를 검색하다 보면 이곳에 시행착오를 하러 온 건지 여행을 하러 온 건지 헷갈릴 지경이 된다. 모든 경험을 온전히 즐기고 마음 편히 관광을 하기 위해서는 피곤한 개별여행보다는 전문 가이드가 함께하는 여행이 단연 편하고 즐겁다. 절대 여행이 고생이 되어서는 안 된다. 그러면 그 나라에 대한 기억이 안 좋게 각인될 수 있을뿐더러 큰돈을 들이고 설레는 마음으로 여행을 왔는데 안 좋은 경험을 더 많이 하고 씁쓸한 마음으로 돌아오게 될 수 있다.

패키지여행을 제대로 즐기는 방법

본인이 원하는 테마의 여행상품을 선택한다

여행상품을 고를 때 자신이 원하는 목적에 맞는 테마 여행을 선택하는 것이 좋다. 예를 들어, 박물관 투어, 미식 여행, 신혼여행, 힐링 및 휴식, 미술관 투어, 유적지 탐험 등 이번 여행에서 꼭 즐기고 싶은 테마를 정해 상품을 선택하는 것이다. 여행사에는 전문성, 다양성이 가득한 갖가지 테마 여행들이 준비되어 있다. 따라서 같은 나라를 여행하더라도 매번 같은 경험을 하는 것이 아니라 다양한 경험들을 할 수 있게 되는 것이다.

얼리버드 할인이나 땡처리를 이용한다

한국인은 보통 날짜에 임박해서 티켓을 끊는 경우가 많은데 다른 나라의 사람들은 1년 전이나 몇 개월 전에 미리 여행 티켓을 끊고 그때부터 떠나는 설렘에 취해 있는 경우가 훨씬 많다. 항공권뿐 아니라 숙박도 미리 얼리버드 티켓을 구매해 두면 훨씬 저렴한 가격에 여행 준비를 할 수 있다.

패키지 팀원들과 친구도 사귀고 즐거운 대화를 한다

여러 사람과 그룹으로 묶여 여행을 하게 되었다면 (평소 성격이 그렇지 않더라도) 가능한 한 마음을 활짝 열고 패키지 그룹원들과 잘 지내는 것이 좋다. 한번은 두바이 사막에서 모래바람을 맞으며 낙타를 타는 체험을 한 적이 있는데 그럴 때 서로 챙겨주고 밥을 먹을 때에도 화기애애한 분위기가 연출되면 가이드 입장에서 참 기분이 좋다. 그런데 꼭 한 무리 정도는 꿍하고 구석에 본인들끼리만 자리를 잡는다든지 하는 구성원이 있다. 패키지여행의 장점은 아름다운 나라에서 서로 모르는 사람끼리 친구가 될 수 있다는 점도 있는데 사람들과 어울리지 못하고 우울한 여행을 만들면 본전을 뽑기가 어렵다. 웃으면 복이 온다.

가이드와 친하게 지내면 여행의 만족도가 올라간다

가이드와 친해지면 좋은 점이 많은데, 오히려 가이드를 경계하며 만나자마자 기싸움을 시작하는 관광객들이 있다. 그러한 행동은 굉장히 손해가 된다. 평소에 평가가 좋고 잘하기로 소문난 가이드도 그러한 성향의 관광객을 맞닥뜨리면 안 좋은 성향이 나오기도 한다. 반면 가이드와 친해지면 일반 관광 루트로는 갈 수 없는, 현지 로컬들만 즐길 수 있는 그런 특별한 곳을 안내받거나 맥주 한잔이라도 더 얻어먹는 혜택을 누릴 수 있다.

자유일정이 있는 세미패키지로 개별여행을 즐긴다

패키지여행의 고질적인 문제는 관광객이 쇼핑센터나 다른 이익을 위해 들르거나 제공되는 것들, 원하지도 않는데 강요받는 옵션들에 있다. 그래서 세미패키지라는 상품이 등장했다. 항공권이나 교통, 숙박 등은 단체 가격으로 할인을 받고 다음 날 아침부터 패키지 여행객들과 하루 종일 돌아보는 것이 아니라 5일 일정 중에 며칠은 투어에 참가를 하고 하루는 호텔에서 수영장 등 부대시설을 이용한다든지, 또 다른 날은 자유여행으로 원하는 일정으로 자유롭게 돌아보는 것이다. 즉 패키지여행과 자유여행의 장점을 섞어놓은 상품이라 볼 수 있다. 다만, 올패키지 상품에 비해 비용이 조금 더 들 수는 있다는 점은 감안해야 한다.

여행은 다시 시작된다

살다 보면 예기치 못한 어려움이 늘 찾아온다. 그 누구의 잘못이라기보다 불가항력적인 일들이기에 여기서 삶의 깨달음을 얻게 된다. 우리는 항상 곁에 있는 귀중한 것들에 대한 고마움과 소중함을 잊고 살아갈 때가 많다. 하물며 24시간 우리를 숨 쉬게 하는 공기, 마음대로 이동할 수 있는 자유, 사지가 멀쩡해서 어디든 다닐 수 있는 건강 등등. 그것을 잃고 나서야 우리는 그것이 있을 때의 소중함을 깨닫게 된다.

나는 여행이야말로 그 어떤 물질적인 가치나 대가보다 우리에게 큰 만족감을 준다고 생각한다. 우리는 이 여행이라는 것을 통해 값비싼 명품보다 훨씬 더 귀중한 인생의 가치를 얻는다. 사랑하는 사람을 잃었을 때 몹시도 큰 슬픔과 상실감을 느끼는 것처럼 여행이 잠시 우리 곁을 떠났을 때 곧 돌아온다고만 생각했지 이토록 오랫동안 떨어질 줄은 몰랐기에 그 소중함이 무척 그리웠다.

오랜 시간 동안 나는 여행을 삶의 일부로 살아왔고, 본업을 여행으로 해서 누구보다도 값진 대가를 얻었었기에 그 상실감은 이루 말할 수 없이 몇 배나 더 크게 느꼈다. 그러면서도 또다시 나는 내가 좋아하는 여행으로 사람들에게 커다란 가치를 전하기 위해 혼자만의 시간을 보내왔다. 역시나 개인적으로 가장 보람되었던 시간은 이전부터 생각해왔던 '한 달 살기' 상품을 위해 지중해에 있는 한 작은 섬으로 떠나 있던 시간이었다. '한 달 살기' 지역으로 염두에 둔 아시아의 필리핀, 베트남, 태국 등과 유럽 지역 중 코시국에 갈 수 있던 곳도 한정적이었지만 비교적 물가가 저렴하고 기후 환경이 가장 끌렸던 지중해로 다녀오게 된 것이다.

새로운 사람들을 만나고 새로운 환경 속에서 개인적으로 아주 값진 행복한 시간을 보내다 왔다. 그리고 최근 또다시 가깝고도 친근한 태국으로 가서 한 달가량을 지내다 돌아왔다. 누군가는 내게 그만한 경제적인 여유가 있으니 할 수 있는 거라고 말한다. 사실 본업이 여행인 덕분에 그 누구보다 좋은 조건에서 여행을 경험하긴 하지만, 그것과는 별개로 비용 크게 들지 않는 현지 로컬에 맞추어 생활하다 보니 가능한 일이었다.

물론 여행을 즐기는 시간이라기보다 업무적인 목적이 우선이기에 현지 골프장 답사와 호텔 계약 등 상품 개발을 위한 시간이 대부분이었다. 어찌 보면 이전의 그 어느 때보다도 더 절실하게 매일 아침 눈을 떠서 감사한 마음으로 하루를 시작하고, 숙소로 돌아와 밤에 잠들기 전까지 기분 좋은 흐뭇한 마음으로 잠자리에 들었다.

참으로 오랫동안 잃어버렸던, 우리들의 마음을 치유할 수 있는 아름다운 여행이 이제 곧 우리 곁으로 다시 돌아온다고 생각하니 마음이 설렌다. 부디 삶에서 소중한 사람들과 함께 살며 사랑하며 기쁨을 나누는 행복한 여행의 시간들이 하루빨리 재개되길 바란다. 인생은 곧 여행이며 여행은 곧 삶이다. 누구나 여행하듯 이 생을 즐겁고 행복하고 풍족하게 누리기를, 그리고 다시 시작되는 여행에서 지금까지 누리지 못했던 해방감과 무한한 자유를 만끽하기를 바란다.